金融ビジネスはどこへ向かうのか

5つの進化ドライバーでひもとく中・長期戦略

モニター デロイト
監修

中村真司▪梅津翔太
編著

中央経済社

はじめに

　コロナ禍の混乱からようやく長いトンネルを抜けようとしている。インバウンド観光客はコロナ前の水準を回復し，通勤電車も多くの乗客を運んでいる。しかしながら，観光地ではオーバーツーリズムが叫ばれ，鉄道各社は乗客数の回復度合いに頭を悩ませている。オーバーツーリズムの影響もあり，日本でもいよいよ本格的にライドシェアの導入が議論されている。リモートワークの定着も含めて，コロナ前の生活が完全に戻ることはないだろう。コロナ禍を経た人々の生活行動の変化は不可逆的なものとして定着することが想定される。筆者自身も，リモートワークと出社を目的によって使いわけるハイブリッドワークによる生産性向上やチームワークの最適化に取り組んでいる。

　筆者は，シナリオプラニングや企業の中長期経営戦略の専門家として，コロナ禍に多くの戦略プロジェクトに携わってきた。企業は不確実性の高まる世の中を生き抜いていくために，複数のシナリオを想定して戦略を検討し，事業環境の変化に機敏に対応することが求められる。日本の高度成長期のように，一定確実性の高い未来を想定した戦略では勝ち残ることができない世の中になってきた。

　コロナ禍のようなパンデミックだけではなく，地球温暖化対策などのサステナビリティ視点での経営のかじ取り，飛躍的に高まる技術革新にもついていく経営戦略など，様々な不確実性に備えることが必要である。

　2022年11月にOpenAI社が発表したChatGPTは世界に衝撃を与えた。それから１年。サム・アルトマンCEOの解任と復帰といったお家騒動も報じられる中，生成AIの活用は日進月歩で進んでいる。本書のテーマである金融の世界でも様々な領域で生成AIの活用が試みられ，人々の生活にも重要な変化をもたらそうとしている。

　銀行，証券，ペイメント関連企業，保険会社など，金融業界には様々なプレ

イヤーがいるが，今後5〜10年で見た時にはいずれの業界でも大きな変化が起こるだろう。変革を成し遂げた企業だけが生き残っているともいえるかもしれない。組織は変わりたがらないものである。その組織のリーダーやメンバーとしてどのように変革を実行していくのか。その考察の一助になればと思い本書を執筆することになった。

　本書はデロイト トーマツグループで戦略コンサルティングを手掛けるモニター デロイトのメンバーを中心に執筆した。メンバーはそれぞれ金融業界の中でも専門領域を持っており，その領域の専門家として手掛けた。読者の皆さんの刺激となり，変わりゆく金融業界での戦い方の参考になれば幸いと思う。また人々の生活に密着した金融サービスを理解することは，人生100年時代といわれる世の中を生きていく上では欠かせないものであり，金融業界に携わる方々だけではなく，一般の方々にも是非ご一読いただきたい。

　2024年2月吉日

　　　　　　　　モニター デロイト　執行役員・パートナー　中村真司
　　　　　　　　ハイブリッドワーク下の丸の内二重橋ビルオフィスにて

Contents

第2章　銀行・証券業界の目指す方向性

第3章　ペイメント業界の目指す方向性

第4章　保険業界の目指す方向性

本書の構成

　本書は，金融業界に係るビジネスに従事する方，また金融サービスを利用する消費者に向け，昨今，急速に変革を迫られている金融業界を取り巻く環境を踏まえ，将来に向けたカギとなるドライバーと向かうべき方向性について解説したものである。

　本書においては，まず第1章にて金融サービスが転換期を迎えた背景にある重要ドライバーを明らかにした上で，第2章以降ではそれら重要ドライバーを踏まえ，銀行・証券，ペイメント，保険領域それぞれの従来型サービスのあり方を振り返り，将来の向かうべき方向性やトレンドに焦点を当てて解説を行う。

　本書は下図のような構成となっている。

本書の構成

第1章　金融業界にインパクトを与えるトレンド

金融サービスは大きな転換期を迎え，進化を遂げようとしている。本章では，その背景にあるテクノロジーの発展や新たな需要を踏まえ，中長期的な金融進化の方向性を検討する上で金融領域に多大なインパクトを及ぼしうる重要ドライバーについて読み解く。

第2章　銀行・証券業界の目指す方向性

銀行・証券ビジネスを，「リテールバンキング」，「ウェルスマネジメント」，「コマーシャルバンキング」，「インベストメントバンキング」の4つの事業領域に分解し，2035年の各事業領域の将来像と向かうべき方向性について考察する。

第3章　ペイメント業界の目指す方向性

キャッシュレス化の普及に伴い堅調に拡大が続いてきたペイメントビジネスのトレンドと将来の動向について解説をした上で，業界が取り組むべき方向性について法人・個人向けサービス双方の観点から示す。

第4章　保険業界の目指す方向性

社会・経済の発展を後押しし，発展に伴うリスクをマネジメントするためのインフラとしての役割を担ってきた保険の成り立ちや機能，産業構造をつまびらかにし，重要ドライバーに後押しされて見え始めた業界トレンドについて解説する。

第1章 「金融業界にインパクトを与えるトレンド」サマリ

　昨今の経済モデルの変遷や技術革新に伴い，金融サービスは大転換期にある。

　足許では，預貸率の低下がもたらす間接金融モデルの崩壊，手数料の下落がもたらす証券・保険販売や決済を中心としたトランザクションビジネスの限界など，従来型のビジネスモデル自体がもろくも崩れ去ろうとしている。他方で，技術革新によりデジタル資産や暗号通貨等を用いた金融サービス・商品が組成され，社会課題の解決や地域活性化に寄与している事例も散見されており，新たな事業機会が生まれつつある。

　環境が変化する中で，Fintech企業やプラットフォーマーを始めとした異業種企業，伝統的な金融機関を中心に，異種格闘技戦の様相を呈しながら国・業界・業種レベルで垣根を越えた新たな価値創造への挑戦が始まっており，今まさに，大きく潮目が変わろうとしている。

　金融サービス提供者においては，これまで「経済合理性重視のファイナンス支援者」という黒子の立場で人類の発展に貢献してきたが，これからは「成果創出プロモーター」，さらには「持続可能な社会の共創パートナー」へと激変する環境に自らを適応・進化させながら新たな未来創りをリードする役割を果たすことが期待される。

　金融サービス提供者がどのような役割をリードしていくかを検討する上では，金融の将来像を見通すことが重要である。そのためには，「金融領域に多大なインパクトを及ぼしうる重要ドライバーは何だろうか？」「重要ドライバーによって，どのような金融の進化が起こりうるのだろうか？」と問いかけ，金融の進化の方向性を見定める必要がある。

　金融進化の主な切り口として筆者らは，金融コンバージェンス，共通価値創造：CSV，Web3／メタバース，コミュニティ，生成AIによる社会革新が特に注目に値すると認識している。本章では，従来型金融の刷新から，金融との掛け算による新たな価値創造まで，注目テーマを起点とした将来の金融のあり方について解説する。

第2章 「銀行・証券業界の目指す方向性」サマリ

　第2章では，銀行・証券ビジネスを4つの事業領域に分解した上で，事業環境の変化（ベースシナリオ・激変シナリオ）・金融機関の取るべき方向性・金融機関が取るべき打ち手を考察している。特にリテールバンキング／ウェルスマネジメントの領域については，AI技術の進化や異業種プラットフォーマーの動向次第で，大きなインパクトが起こりうるだろう。

　各事業領域に共通するポイントは，激しく変化する環境下においては，自社ビジネスに影響をもたらすドライバーに常にアンテナを張りつつ，目指すべき自社ビジネスの方向性を早期に定め，必要な打ち手を講じることこそが銀行・証券ビジネスで勝ち残るための要諦であるということである。

　リテールバンキング（ローン等の個人向けファイナンスビジネス）は，金融機関が消費者との直接の「顧客接点」を確保できているか，消費者が「商品選択プロセス」をAIに委ねているか，が将来の外部環境シナリオを分岐しうる重要なドライバーとなる。消費者の要求水準に備えてビジネスモデルを深化すべく，顧客体験およびその前提となる会社機能の再構築が必要であろう。また，激変シナリオが顕在化する場合は，「プラットフォーマー」「メーカー（機能提供者）」のいずれを目指すのか，金融機関は自社のポジションを選択しなければならない。

　ウェルスマネジメント（資産家層向けビジネス）は，国内運用資産の増加という点で見通しは明るいが，預かり資産ベースの手数料体系へのシフトや顧客ニーズの多様化の加速等に対応する必要性が強まると想定される。また，生成AI・Web3の普及により環境は大きく変わる可能性があり，各プレイヤーは，どの顧客セグメント（超富裕層・富裕層・アッパーマス層）に対面・デジタルでどのようにサービス提供をするか，自社の勝ち筋を明確に定める必要がある。

　コマーシャルバンキング（法人向け預金・為替・融資サービスを軸としたビジネス）は，ベースとしては法人顧客の本業も支える形で預貸ビジネスモデルが維持されると想定するが，グローバルでの金利上昇，サステナビリティ対応の厳格化，異業種プラットフォーマーによるチャネル構築が極端に進むと，国内（中小）金融機関の破綻や中小企業への新規融資の停止，異業種による顧客

接点の独占，といった望ましくないシナリオが実現する可能性がある。いずれにしても金融機関は，データ・デジタルの活用，バンカーの強化，金融機能の強化に取り組む必要があろう。

インベストメントバンキング（投資銀行部門・市場部門ビジネス）は，グローバルサービスの拡大と付加価値商品へのシフトの重要度が増し，土台作りのための外資との連携および10年後を見据えた対顧・社内業務のデジタル化の加速が急務となる。また，万一国内のリスクマネーの循環が停滞するような状況となった場合は，コマーシャルバンキングやアセットマネジメントといった安定収益源を含めた事業の多角化・再編，オペレーティングモデルの大転換（超軽量化等）が起こることも考えられる。

第3章　「ペイメント業界の目指す方向性」サマリ

わが国におけるキャッシュレス決済は拡大を続けている。経済産業省の発表によれば，2019年のキャッシュレス比率は26.8％であったが，2022年は36.0％に達した。そのような中，ペイメント領域での近年のトレンドとして，以下の5つを挙げることができる。

① デジタルサービスの中への決済機能の組込み

② 「経済圏（＝エコシステム）」を有する決済事業者の躍進

③ 不正利用の増加

④ 業界全体の手数料構造の透明化

⑤ 企業間決済における革新

このようなトレンドを踏まえて，ペイメント業界に将来起こりうることとして，以下の3つを紹介する。1つ目は，加盟店手数料が低下傾向にある中で，決済取引からは利益を上げることができなくなることである。この場合，決済をフックとしながら経済圏全体でマネタイズが可能な事業者は生き残るが，そうでない事業者の淘汰が進む可能性がある。2つ目は，上記のように収益性が低下する中で，垂直統合的な事業モデル（自社で決済事業に関するすべての機能を有するモデル）の維持が難しくなることである。結果として，自社の得意領域に特化した水平分業的な事業モデルが，カード会社に広がると予測する。

　3つ目は，企業間決済におけるカード支払の急速な拡大である。企業間決済は巨大なラストフロンティアといわれて久しいが，いよいよ企業間決済でのカード決済が急速に拡大することが考えられる。

　このような動向を踏まえると，消費者向け決済については，決済を組み込んだ経済圏を構築して経済圏全体での収益を確保すること，また経済圏の中で決済の役割を再定義し，その役割を磨き上げることが必要となる。次に，企業向け決済では，これまでは大企業を中心に経費支払用途で法人カードを拡大してきたが，今後は，中小企業も対象として，「法人カードを利用する企業」および「利用できる用途」を両輪として広げていく必要がある。最後に，決済のデジタル化を進め，決済から得られるデータを社会全体で活用することが，消費者向け決済でも法人向け決済でも，今後ますます重要になると考える。

第4章　「保険業界の目指す方向性」サマリ

　保険という産業は金融産業でありながら，他の金融産業とは性質的に一線を画している。一般的に金融は資金の余剰主体から不足主体への資金循環を融通する。その取引において誰が資金の出し手（余剰主体）で誰が受け手（不足主体）かは決まっているのが常である。しかし保険に限っては，資金の出し手は定まっている一方で，いつ誰が受け手になるか定まっていない。この特異な金融取引の元締めである保険会社は，いつ，誰に，どれだけ払わなければならないかわからない取引を成立させるために，資本を拡充し，数理を駆使して不測の支払に備え，そのリスク管理手法を磨き続けてきた。この数世紀にわたり磨き上げてきたモデルが参入障壁を高くし，歴史と規模が大きな優位性を持つ業界構造を作り上げてきた。事実，この1世紀以上においてグローバル保険業界の序列は大きく変わっていない。

　現在，このような不変の業界秩序を保ってきた保険業界にも，テクノロジーの進化により大きな地殻変動が起こりつつある。テクノロジーの進化が，これまで保険会社がすべて内包してきた事業を構成する機能の分離・拡散を可能とし，業界外の機能との融合も促進し始めている。このような機能の分離と融合の活性化は，保険業界の競争原理を，画一的な事業モデルにおける規模の競争

から，機能の組み合わせ方によるオプションで自社の勝ち筋を描く「選択と集中」，および「独自性と差別化」の競争となっていくだろう。筆者らは，このような新しい競争原理のもと，保険業界は4類型の保険会社と4類型のソリューションプロバイダーを中心とした業界へ転換し，様々な業界と融合しながら最大産業の1つとして発展していくことを展望している。

　本章において，第1節では，保険の歴史を辿りながら，この業界が極めて秩序だった業界として発展してきた背景要因について考察を示している。第2節では，この秩序だった業界においてテクノロジーの進化が引き起こしている地殻変動について詳述している。そして第3節では，このような地殻変動を通じて最大産業の1つとして発展していくであろう保険業界の未来像を示している。

第1章

金融業界にインパクトを与えるトレンド

第1節 金融サービスの大転換期

（1）進化しつつある金融

　古代メソポタミアにおける金融の発祥から約1万年。これほどまでに金融の存在意義やあり方が問われる時代があっただろうか。テクノロジーの進展が目覚ましく，経済のあり方が大きく変わろうとしている現代において，今まさに，金融は進化の時を迎えている。

　そもそも金融は，技術革新や経済モデルの変遷に応じて，その姿を変えてきた歴史がある。例えば，通貨は，自然貨幣（貝，石，骨など）から始まり，商品貨幣（穀物，家畜など），金属貨幣（青銅，金・銀などの重量），鋳造貨幣（金属を型に入れて製造），紙幣（兌換／不換紙幣），デジタル通貨（クレジットカードや電子マネーなど）と，時代ごとに利用可能な素材と先端技術（精錬技術，鋳造技術，製紙技術，印刷技術，電子技術）により発展を遂げてきた。AIやブロックチェーンなどを始めとした先端技術の発展とともに，社会全体がデジタル化する不可逆的な流れの中，金融も時代に適合した姿に変わっていくことは必然ともいえる。

　フランクリン・アレン，グレン・ヤーゴの両氏は，その著書『金融は人類に何をもたらしたか』（藤野直明監訳，東洋経済新報社）で「金融の発展は，人類の経済活動への参加機会を拡大し，社会を民主化してきた」と述べる。実際，マクロ経済成長率と銀行の収益性は強い相関を見せており，金融の発展と経済の成長は相互依存関係にあることを窺わせる（**図表1-1**）。

　世界の人口増大に伴って経済も成長していくと考えられるが，持続可能な社会（SDGs）の実現は待ったなしの状況であり，日本においても新たな資本主義のあり方を目指す検討が進められるなど，経済のあり方が大きく変わろうとしている。価値を効率的にやり取りする「手段」であったお金が，産業革命とともに，絶え間ない利潤追求の仕組みのもとで「目的」となり，お金が実体経済の価値と分離したとも捉えられる現在の資本主義が経済成長を牽引してきた。

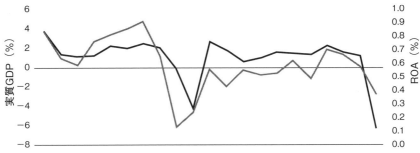

G7のマクロ経済成長率と銀行の収益性には強い相関関係がある

注釈：G7とは，米国，英国，フランス，ドイツ，イタリア，カナダおよび日本の7か国を
　　　指す
出所：エコノミストインテリジェンスユニットのデータベースをデロイト金融サービスセン
　　　ターが分析

その資本主義に最適化する形で発展を遂げてきた金融は，新たな経済モデルへ
の移行に合わせて，そのあり方を変えていく宿命にあるのではないか。

　新たな社会・経済モデルへの移行に適した未来の金融サービスが渇望されて
いることは，進化するテクノロジーを梃子に，伝統的な金融サービスの革新に
挑むFintech企業の隆盛が1つの証左といえるだろう。2023年3月時点で，ユ
ニコーン（設立から10年以内，企業評価額が10億ドル以上，非上場，テクノロ
ジー企業の4条件を満たす企業）に占めるFintech企業数の割合は約21％（253
社／1,206社）で，デカコーン（ユニコーンの10倍（100億ドル）以上の企業評
価額がある企業）になるとさらに高い約26％（14社／54社）といずれも最大勢
力であり[1]，Fintechがもたらす将来価値に対する期待値の高さが窺える。

　また，世界のビジョナリーも旧来型の金融を変革する必要性を説いている。
例えば，Alibaba創業者のジャック・マー氏は，「現在の金融は，工業化時代に

---

[1]　米国CBインサイツのホームページ（https://www.cbinsights.com/research-unicorn-companies）
　　を参照。本リストをもとにユニコーンとデカコーンを区分けし，その上で，Industry欄のFinancial
　　Servicesおよび各社のサービス内容を踏まえてFintechとみなせる事業者数を集計した。

築かれた産物であり，20％の大企業や資本家が残り80％の人々を動かすための
2・8理論の上に成り立っている。未来の金融は，80％を占める中小企業や若
者が残り20％の人たちを動かすことを助ける，8・2理論を実現するものであ
る」といった趣旨の発言をしている[2]。足元でも，矢継ぎ早に変革に向けた取組
みが進んでおり，GAFAによる革新的なUXやデータドリブンの新たな信用創
造などを通じた金融サービスの刷新，持続可能な社会を目指すSDGs／ESG潮
流に適合した金融回路の見直しなど，枚挙にいとまがない。

　さらに，世界最高峰のイノベーターであるイーロン・マスク氏が金融に関心
を示していることも見過ごせない。革新的なビジョンと圧倒的な情熱，ハード
ワークをもとに，Paypal，Tesla，SpaceXと様々な産業の刷新に挑戦し，不可
能を可能にしてきた同氏。「今後，自動車事業におけるバリューの30〜40％が
保険事業になるだろう」[3]と語り，Teslaで新たなテレマティクス保険サービス
を仕掛けたかと思えば，Twitter買収後には，スーパーアプリへの進化を目指
すビジョンを語る中で，Twitterは「世界最大の金融機関になることが可能
だ」[4]と豪語したことは記憶に新しい。世界で最も影響力があるといっても過言
ではない同氏の考え・言葉によって，金融革命の号砲が鳴らされ，より一層，
大きな変革のうねりが生み出されるかもしれない。

　伝統的な金融機関も，Fintech企業やGAFAMなどのプラットフォーマーを
筆頭とした異業種の攻勢に対して，手をこまねいているわけではない。預貸率
の低下がもたらす間接金融モデルの崩壊，手数料の下落がもたらす証券・保険
販売や決済を中心としたトランザクションビジネスの限界など，従来型のビジ
ネスモデル自体がもろくも崩れ去ろうとしているため，状況打開に向けて，社
会課題の解決や地域活性化を筆頭に，金融サービスの前後に広がる非金融ビジ
ネスへの参入や，技術革新がもたらすデジタル資産や暗号資産などの新たな金
融サービス・商品の機会獲得に向けた取組みを加速している（**図表1-2**）。

2　「ジャック・マー氏"失踪"直前のスピーチ全文（後編）」ITmediaビジネスオンライン（浦上早
　苗訳）（2021年1月15日）を参考にした。

3　「「テスラ保険」がテキサスで始動，総取り狙うマスク氏の深謀」日経XTECHホームページ（2021
　年11月25日）。

4　「「ツイッターは「世界最大の金融機関になれる」マスクが熱弁」Forbes JAPANホームページ
　（2023年3月8日）。

図表1-2	金融サービス進化のうねり

近い将来，金融の大転換に向けた潮目が変わる可能性

デジタル通貨・資産の覇権争いが激化

- Facebookの仮想通貨「リブラ」の衝撃
- 北京五輪でデジタル人民元を開放
- 三菱UFJ銀行「NFT」などデジタル資産事業に参入

プラットフォーマーが金融に相次ぎ参入

- Apple，日本で「Apple Card」および「Apple Cash」の商標を登録
- Google，日本で金融本格参入へ国内スマホ決済買収
- アマゾンがゴールドマン・サックスと提携で「金融」を強化

金融機関の異業種ビジネス参入が活発化

- ふくおかフィナンシャルグループ
- ちばぎん

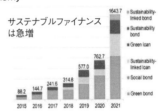

2020年4月リニューアル
TSUBASA FinTech共通基盤上に構築

SDGs/ESG達成に向けた金融回路の見直し

- Doconomy

サステナブルファイナンスは急増

Fintech企業，プラットフォーマーを始めとした異業種企業，伝統的な金融機関を中心に，異種格闘技戦の様相を呈しながら国・業界・業種レベルで垣根を越えた新たな価値創造への挑戦が始まっており，今まさに，大きく潮目が変わろうとしている。

（2）金融が担う役割の変化

　金融は，その名のとおり，資金に余裕がある人から必要な人に対して「お金」を「融通」する仕組みのことであり，「経済の血液」といわれるゆえんである。間接／直接金融の形態で，経済活動に必要な資金が滞りなく流れる状態を生み出し，予見が難しいリスクを適切にコントロールすることで経済の発展を下支えする役割を果たしてきた。

　金融業界は，情報の経済学でいうアドバース・セレクション（逆選択）を本

質的な課題として抱えている。金融商品の買い手のみが私的情報を有しており，金融機関は限定的な情報で判断せざるを得ない状況下にあるということだ。例えば，経営状態が悪く資金繰りに困っている企業ほど融資を，病気や損害リスクが高い顧客ほど保険を求める傾向にある。そのため，情報の非対称性を補完する上で，銀行では担保の徴求，保険では大数の法則による保険料の設計を中心とした対策を講じてきた。

　近年の目覚ましいデジタル化の進展は，この状況を刷新する可能性を秘めている。デジタル化に伴う取引コストの低減は，情報の非対称性を解消する方向に作用するからだ。金融機関は，お金の流れを通じて顧客の信用情報を把握できる優位性があることから情報生産産業ともいわれてきたが，今後は，あらゆる産業のデジタル化によって生成される膨大なデータをもとに，顧客自身が認識していない価値観や嗜好・行動様式さえ予測することも可能となりうる。

　しかしながら，仮に，金融サービス提供者と顧客間の情報の非対称性が完全に解消されたとしても，不確実性に伴う将来リスクを金融サービス提供者側が負うことに変わりはない。そのため，これからは，多様な情報を活用した与信や金融アドバイスの高度化だけではなく，顧客を取り巻く将来の不確実性の低下につながる非金融領域まで踏み込んだ価値を発揮できるかが鍵となる。例えば，保険会社による予防領域への進出はいい例だ。従来の万が一の時の金銭的な支援に留まらず，IoTなどのテクノロジーも駆使した非金融サービスを提供し，心身の健康や安全な運転に励むほど保険料が割安になるなどのインセンティブを通じて行動変容を促し，将来リスクを低減することで，加入者，保険会社，その他ステークホルダーに発生する社会全体のコストを下げる取組みを進めている。

　また，持続可能な社会の実現に向けては，金融サービス提供者として，より一層の価値貢献が期待される。お金という尺度で測る経済的な便益をインセンティブに発展してきた現在の資本主義をアップデートするには，社会価値と経済価値が両立する方向にステークホルダーを動かす必要がある。そのためには，新たなモノサシと，それを適切に管理して融通させることで，世の中にもたらす効用を最大化させるプレイヤーが必要とされる。例えば，IFRS財団がサス

テナビリティ開示の基準を策定するために立ち上げた国際サステナビリティ基準審議会（ISSB）は，2023年6月に，企業が短期・中長期で直面するサステナビリティ関連のリスクや機会を投資家に伝えるための開示要求（IFRS S1号），およびTCFD（気候関連財務開示タスクフォース）の提言を組み込んだ具体的な気候変動に関連する開示要求（IFRS S2号）を公表し，資本主義社会におけるサステナビリティ関連開示の新たな時代の幕開けを告げた。また，わが国においては，金融機関自ら持続可能な社会づくりを牽引する気概のある動きが出てきており，ふくおかフィナンシャルグループは，SDGs支援子会社のサステナブルスケールを通じて地域社会・企業のSDGs達成度合いを評価・可視化するSustainable Scale Indexというサービスを展開している。横浜銀行も同サービスを導入するなどの拡がりを見せており，金融機関が基軸となる持続可能な地域づくりが全国に伝播することで，日本全体のSDGs達成が実現できる道筋も見出せることから，今後が期待される。

　金融サービス提供者は，これまで「経済合理性重視のファイナンス支援者」という黒子の立場で人類の発展に貢献してきたが，これからは「成果創出プロモーター」，さらには「持続可能な社会の共創パートナー」へと激変する環境に自らを適応・進化させながら新たな未来創りをリードする役割を果たすことが期待される（**図表1-3**）。

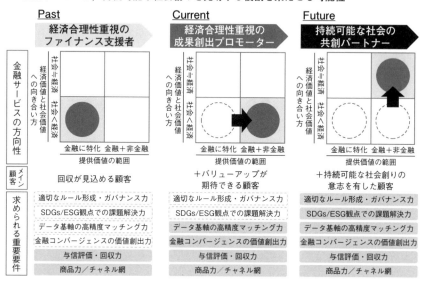

図表1-3　今後の金融サービスのあり方

SDGs/ESG視点も加味した「金融＋非金融」サービスによる成果創出の追求を通じて，金融サービスは，持続可能な社会創りを先導する役割を果たせる可能性

（3）金融進化の重要ドライバー

　では，中長期的な金融進化の方向性を検討する上で，金融領域に多大なインパクトを及ぼしうる重要ドライバーは何だろうか。また，重要ドライバーによって，どのような金融の進化が起こりうるのだろうか。金融進化の方向性を見通す上での主な切り口を紹介したい（**図表1-4**）。

①　金融コンバージェンス

　顧客本位の金融サービス提供に向けて，回転売買の禁止や手数料体系の透明化など，聖域なき改革を進める規制強化の流れは今後も続くと想定されるため，旧来型の金融ビジネスモデル・取引慣行のままでは，生き残りが困難となることは想像に難くない。

　一方，サイロ化された金融業界の都合を押しつけるのではなく，顧客目線に

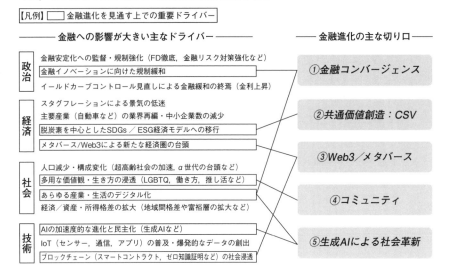

図表1-4　金融進化の方向性

今後，5つの切り口を軸とした金融の進化が想定される

【凡例】　☐金融進化を見通す上での重要ドライバー

────── 金融への影響が大きい主なドライバー ──────　　────── 金融進化の主な切り口 ──────

政治
金融安定化への監督・規制強化（FD徹底，金融リスク対策強化など）
金融イノベーションに向けた規制緩和
イールドカーブコントロール見直しによる金融緩和の終焉（金利上昇）

経済
スタグフレーションによる景気の低迷
主要産業（自動車など）の業界再編・中小企業数の減少
脱炭素を中心としたSDGs／ESG経済モデルへの移行
メタバース/Web3による新たな経済圏の台頭

社会
人口減少・構成変化（超高齢社会の加速，α世代の台頭など）
多用な価値観・生き方の浸透（LGBTQ，働き方，推し活など）
あらゆる産業・生活のデジタル化
経済／資産・所得格差の拡大（地域間格差や富裕層の拡大など）

技術
AIの加速度的な進化と民主化（生成AIなど）
IoT（センサー，通信，アプリ）の普及・爆発的なデータの創出
ブロックチェーン（スマートコントラクト，ゼロ知識証明など）の社会浸透

①金融コンバージェンス

②共通価値創造：CSV

③Web3／メタバース

④コミュニティ

⑤生成AIによる社会革新

立った価値の提供に向けて，総合的な金融ニーズを満たすサービスや，非金融領域にも踏み込むことで顧客の目的達成そのものを支援できるサービスの提供を後押しする規制緩和も進み，金融ビジネスモデルが刷新されていくだろう。

②　共通価値創造：CSV

　もはや不可逆的な流れであるSDGs／ESGの潮流。欧州に端を発した国際的なゲームチェンジに乗り遅れるわけにはいかず，わが国も2050年のカーボンニュートラル達成，循環型経済への移行など，官民一体となった取組みが急ピッチで進められている。莫大な資金が必要となるため，金融回路の見直しが急務であることに変わりはないが，地域や産業特性に応じた目標設定〜課題分析〜実行〜効果検証・改善と一連の支援が欠かせない。そのため，先に述べたとおり，新たな社会モデルに適合するだけでなく，移行を後押しする金融サービスのあり方が求められる可能性がある。

③　Web3／メタバース

　Web3／メタバースを通じた国際的な産業競争力強化に向けて，政府が旗を掲げながら様々な取組みが進んでおり，金融領域への影響も多岐にわたるため，関係者にとっては看過できないテーマである。例えば，仮想空間における新たな経済圏は，リアルとは異なる金融サービスのあり方や価値の提供方法などを問うことになる。また，自律分散型経済は，間接金融そのものをディスラプトする可能性もあれば，金融サービサーの組織内意思決定プロセスを刷新するものと捉えることもできる。さらに，暗号資産／トークンの視点では，新たな金融商品の創造に加え，非金融ビジネスへの拡がりを期待させるものでもある。テクノロジー，法規制，社会の受容性など様々な要素が絡むため，一足飛びにはいかないが，金融に対する影響は計り知れないものとなるだろう。

④　コミュニティ

　リモートワーク定着や副業・複業・フリーランスの拡がりなどの新たな働き方，LGBTQを始めとした社会的マイノリティが自己肯定感を持てる生き方，趣味や関心の熱量を動力とした推しエコノミーなど，多様化の時代が本格的に到来しようとしている。人々のつながりがコミュニティを生み，1人ひとりが複数のコミュニティに属して生活を送る社会が加速していくだろう。今後は，地域や会社といった物理的な空間や概念で一括りにするのではなく，コミュニティを通じて形成される個人の多面的な要素を踏まえた金融サービス提供のあり方が求められてくると想定される。

⑤　生成AIによる社会革新

　ChatGPTを筆頭とした生成AIの登場がわれわれの生活を一変させうる。「Text to X」で，文章，画像，音楽など，誰もが簡単に様々なアウトプットを自動生成できる世の中が現実となった。そのまま外部サービスとして使うには，まだまだ乗り越えるべき課題が多いものの，幅広い業務・作業が効率化される可能性を秘めている。AIがエンジニアを始めとした特定のスキルを有した人のみが扱えるものから，一般大衆の誰もがその便益を受けられるものに民主化されたといえるかもしれない。金融は，情報産業の側面からAIとの親和性が

高いため，影響は多岐にわたると考えられる。

　ここまで見てきたとおり，金融の将来像を見通す上では，金融コンバージェンス，共通価値創造：CSV，Web3/メタバース，コミュニティ，生成AIによる社会革新が特に注目に値する。従来型金融の刷新から，金融との掛け算による新たな価値創造まで，注目テーマを起点とした将来の金融のあり方について考えてみたい。

第2節　金融コンバージェンス

　本節では，金融コンバージェンスを定義した上で，国内外の事例を用いながら金融と非金融のシナジー発揮の要諦を考察していく。その上で，金融事業への参入方法や強化余地を診断する方法論を解説する。

（1）金融コンバージェンスとは

　金融コンバージェンスとは，顧客の"目的"であるモノ・サービスにまつわる非金融サービスと，"手段"である金融サービスの組み合わせによる価値創出のことを指す。日本は，EC事業者や小売事業者などのバーコード決済や電子マネーに代表されるように，異業種の金融参入が盛んなマーケットであり，金融コンバージェンスの素地がある。規制緩和による銀行・証券を軸に新収益確立を目指したwave1，小売主導で本業貢献を企図したwave2を経て，金融コンバージェンスは，金融をイネーブラーとした経済圏構築や埋め込み型金融による新たな商品・体験創出を目指したwave3へと移行し，過去最大のうねりが生まれている。ただし，その中身は，ポイントや金融サービスの利用手数料軽減等の利得性，およびデジタル完結や異業種の本業チャネル活用による利便性・業務効率化等をインセンティブに金融サービスを訴求するレベルに留まっている印象がある。

　金融コンバージェンスで目指す世界は，金融活用により人々の根源的なニーズを捕捉し，価値を創出することだと考える。

（2）金融と非金融の相互シナジー発揮の要諦

　金融データと，日常接点や企業活動を通じて得られる非金融データを融合した徹底的な顧客理解・成果の可視化により，真にカスタマーセントリックな商品・サービスや利便・利得・特別体験を届ける状態を築くことで，金融と非金融の両輪駆動を通じた相互シナジーが発揮される経済圏を確立することができる

図表1-5　金融事業と非金融事業の相互シナジー

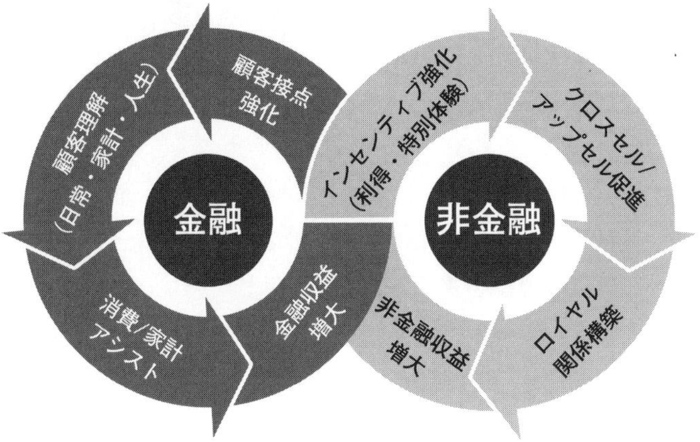

（図表1-5）。

　金融と非金融の両輪駆動を通じた相互シナジーを理解する上でヒントとなりうるのは，金融・非金融事業者の活用方法である。本項では，グループビジネスの一環として金融サービスを活用する事例について4社[5]紹介するが，各社の狙いはそれぞれ異なる。

①　三井住友フィナンシャルグループ（以降，SMFG）

　SMFGは，2023年3月にリリースした「Olive」を起点に，グループ内外を束ねた総合金融サービサーとして経済圏を構築しようとしている。リテール戦略の要であるOliveには，3つの特徴がある。

　1つ目は，統一IDによる金融サービスの一元管理の実現である。従来，顧客は銀行・証券口座・キャッシュレス決済等の金融サービスごとにID登録やアプリインストールを行う必要があったが，OliveはIDを統一することで，多様な金融サービスと顧客とのタッチポイントを一元的に築くことに成功している。この統一IDにより多様な金融サービスに関する登録・利用履歴等のデータを蓄積することが可能となり，顧客（家族を含む）の金融資産や金融に関す

5　本項は当社による考察であり，各社の見解を確認したものではない。

る嗜好性や行動特性を把握することができる。

　2つ目が圧倒的な利得性である。Oliveでは，毎月優待サービスや対象のコンビニ・飲食店で最大15.0％ものポイント還元を享受することができる。これは，顧客の利用頻度が高い特定店舗におけるポイント還元を起爆剤とし，Oliveの日常利用化を促進することが狙いと想定される。OliveはPayPayやAlibabaと同様に資本力を活かした「ばらまき」による顧客獲得戦略を採用しているが，ここでは，ポイント還元率を高めるために住宅ローンや証券取引の利用等に加えて，家族登録が必要である点に注目したい。一般的に金融機関は顧客ごとの情報を保有しているが，家族ごとに統合的に情報を管理することができていない。仮にID等により家族全体の金融資産の保有状況を把握することができれば，例えば富裕層向けに資産承継対策（遺言・資産運用・不動産活用等）や各種保険の提案を行うことができる。つまり，銀行系サービスに加え，証券・保険取引，資産承継支援等の総合金融サービサーとして経済圏を構築する橋頭堡になる可能性がある。

　3つ目が「消費の"場"」の獲得である。楽天などの小売事業者による経済圏の構築は，囲い込み・グループ内送客の潤滑油としての独自ポイント，ポイントの魅力度を決定する利用用途と貯まる感覚を生み出すクレジットカードが重要なエンジンとなっている。クレジットカードを通じてグループ外から獲得した決済手数料やファイナンス収益なども原資に高還元率のポイントを実現し，圧倒的な利得性で魅了した消費者に自社小売りでの利用を促進することで売上を拡大し続けるメカニズムである。他方で金融機関は，消費の"場"を有していないため，付与したポイントをグループ内に還元する同様の流れを生み出すことができず，異なる戦い方を強いられることから劣勢に立たされてきた。SMFGは，Tポイントを運営しているカルチュア・コンビニエンス・クラブ（CCC）との資本提携を通じて，この積年の課題を乗り越えようとしているのかもしれない。本提携を通じて，SMFGは，多様なリアル加盟店をTポイントという枠組みでネットワーク化した消費の"場"を活用することができるようになるからだ。Tポイントから見ても，日本最大級の会員数・取扱高を誇るクレジットカードから得られる収益も原資とした高還元率のポイントプログラムに昇華させることができる。つまり，単なる会員の相互取込みなどというレベ

ルではなく，ECで数多くの加盟店を束ねた楽天市場というプラットフォームを
ポイントとクレジットを梃子に拡大した楽天経済圏と同じ戦い方を，リアルで
再現する野心的な試みと捉えることができる（**図表1-6**）。

図表1-6　経済圏を有する事業者の躍進

経済圏の構築・拡大を目指す上で，ペイメントは欠かせない要素である
（日常接点を獲得できる "決済機能" と経済圏内を回遊させる "独自ポイント"）

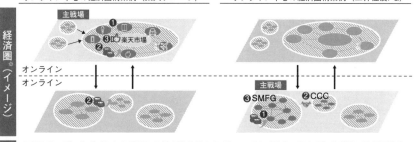

オンライン中心の経済圏構築例（楽天グループ）　　オフライン中心の経済圏構築例（三井住友FG）

経済圏※（イメージ）

主戦場　❶❷❸楽天市場

オンライン
オンライン

❷　　　　　　　　主戦場　❸SMFG　❷CCC
❶

戦い方※

多様なサービスとポイントを武器に会員の粘着性向上

❶日常生活に必要なあらゆるサービスを提供
❷ポイントを潤滑油に，経済圏内のサービス回遊を促進
❸サービスの利用履歴に基づき顧客理解を深耕し，パーソ
　ナライズドレコメンデーションを実現し，顧客満足度向
　上。また，楽天市場に繋ぎ込みマネタイズ

リアルでの "使う・貯まる" を武器に取引活性化

❶経済圏の後発事業者ながら，高還元率のポイントプログ
　ラムをフックに会員の拡大・メインカード化を企図
❷カルチュア・コンビニエンス・クラブ（CCC）との資
　本提携を通じて，Tポイントの枠組みでネットワーク化
　された消費の "場" を活用し，リアルでの経済圏を構築
❸（将来的には，モバイルオーダーに近しい世界観で，リ
　アル加盟店向けのOMOショッピングプラットフォーム
　として新たな顧客体験を提供し，経済圏を拡大できる可
　能性）

※：筆者らによる考察であり，各社の見解を確認したものではない

　将来的な話ではあるが，Oliveユーザーは，日常的なカード決済に加え，T
ポイント加盟店でのカード決済による還元率アップでざくざくとポイントを貯
め，支払時に利用できる状態も目指せる。ポイントプログラムの成功には，貯
まる感覚と利用時のお得感が特に重要であるため，この状態に到達できると理
想的だ。また，リアル加盟店の購入体験がオンライン化する流れが加速し，オ
ンとオフの垣根が消失するOMO[6]が広がる中，モバイルオーダーに近しい新た
なショッピング体験の世界観も現実味を帯びてくる。
　具体的には，スマホで商品検索をし，GPS等の位置情報をもとに近隣店舗を

6　「Online Merges with Offline」の略称。顧客体験の最大化を目指しオンラインとオフラインの垣
　根を越えて購買意欲を創り出そうとするマーケティングの考え方。

見つけ，そのまま注文から決済までスマホ上で完結させ，あとは，現地で商品を受け取るか，自宅等に配送するといった世界観である。このような世界を実現するために必要な仕組みをSMFGとCCC連合が提供できるようになれば，リアル加盟店向けのOMOショッピングプラットフォームとなり，ECにおける楽天市場やAmazonに近いビジネスに進化を遂げることとなる。さらに，その上で，CCCが有するPOSデータとSMFGがOliveで進める統合IDを組み合わせれば，大手ECプラットフォーマーと同じように，加盟店単位ではなく，商品単位のレコメンドを受けることができるようになり，リアルにおける新たな消費体験を創造する可能性も秘めている。

　将来的にOliveは，非金融ビジネスのマネタイズも目指している可能性がある。例えば，広告ビジネスの展開が期待される。Amazonやウォルマートに代表されるように，小売事業者が保有チャネルや，本業を通じて得た消費者の購買データ等を活用したリテールメディアを展開する潮流があるが，SMFGにおいてもOliveアプリがメディアとなり，ユーザー向けにハイパーパーソナライズされた広告配信等をビジネスとして行う可能性がある。通常の特定金融アプリ単体では，顧客規模や利用頻度の面でメディアとしての力が不足しがちだが，前述のとおりOliveはそれらの課題を払拭しうる可能性があるため，金融事業者が手掛ける広告ビジネスの試金石となるかもしれない。また，Olive上での資産形成や家計支援を通じて顧客の金融資産を育み，ライフステージの進展とともに，定額制高齢者向けサービス「SMBCエルダープログラム」等の富裕層向けサービスにつなげるといった，金融と非金融の両輪駆動で経済圏を構築することも見据えている可能性がある。リアル加盟店を軸に非金融と金融が融合した新たな経済圏づくりをSMFGとCCC連合が先導していく未来に期待したい（**図表1-7**）。

図表1-7	金融事業と非金融事業の相互シナジー｜SMFG

②　メルカリ

　メルカリは，モノの売買ができるマーケットプレイス事業（非金融）とカネ・デジタル資産等の決済・資産運用ができるフィンテック事業（金融）の大きく2つの事業を展開している。

　同社の戦略は，このフィンテック事業をマーケットプレイス事業と融合させることで「メルカリ経済圏」を構築し，ユーザーが消費者（購入者）であると同時に販売者でもあるプラットフォームの特性を生かして，圏内での取引循環を戦略的に活性化させている点に特徴がある。

　具体的には，マーケットプレイスでの売上は，①銀行口座へ入金する，もしくは②メルカリポイントを購入し，マーケットプレイスや決済アプリ「メルペイ」で利用する方法の2種類あるが，①の利用には振込手数料を設けることで，②の利用にインセンティブが働くように事業を設計している。この事業設計が，メルカリユーザーの経済圏からの離脱防止とマーケットプレイスでの取引やアプリ決済の利用という取引循環を生み出している。

　さらに，マーケットプレイスでの売上は，生活費とは切り離された余剰資金と位置づけられることも多いため，資産運用の中でも比較的リスクの高い暗号資産取引にユーザーを誘引しやすい状態を形成している。こうして，決済アプリ残高（＝マーケットプレイスでの売上）を原資にビットコイン売買サービス

「メルコイン」の利用を促し，この資産運用による決済アプリ残高の増加が，マーケットプレイスやアプリ決済のさらなる利用を促すことで経済圏を拡大させるという，先行プレイヤーとは一線を画した新たなメカニズムの実現を目指した取組みと捉えることができる。

この「メルカリ経済圏」の核はマーケットプレイス事業であり，マーケットプレイスの取引額の10%が同社の手数料収入となる。ここでは，楽天やSMFGのようなポイントを核とした経済圏とは異なり，決済サービスや暗号資産取引といったフィンテック事業を触媒とする形で経済圏を構築しているといえる。このように，金融で本業の消費（購入）をアシストしている点は，自社経済圏構築にあたっての参考事例になるであろう（**図表1-8**）。

図表1-8　金融事業と非金融事業の相互シナジー｜メルカリ

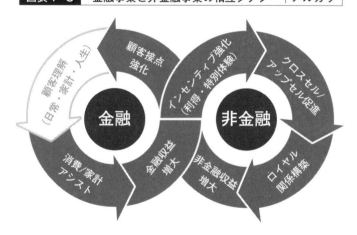

③　**ヤマトHD**

ヤマトHDは，物流サービスを通じた，荷主と受領者のラストワンマイルを押さえている強みを生かして，顧客のビジネスプロセスやサプライチェーン全体へ金融を含めた総合的なソリューションをEnd to Endで提供する企業への転換を目指している。同社の戦略のポイントは，金融機能を梃子に，物流と商取引に関する顧客のペインを解消することで，取引の"場"を活性化し，物流

中心の収益構造の多角化を図りながら，本業の物流ビジネスの収益基盤強化を実践していることである。

　ヤマトHDは，「モノを運ぶ」下流だけでなく，上流の「モノの受注」や「モノの取引」に関する顧客のペインを解消するため，B to B事業者，B to C事業者のそれぞれのニーズに合わせた事業融資や購入者向け分割払いサービスといった金融サービスを提供している。

　例えば，B to B事業者向けには，請求書発行から入金管理・未回収リスクまでを一括して請け負う「クロネコ掛け払い」といった決済・BPO商品や，商流を把握している強みを生かしたABL（Asset-based Lending）や輸出ファクタリングといった資金調達に関するソリューションを取り揃える。また，B to C事業者向けにも，EC事業者向けの代金引換決済やクレジット決済「クロネコWebコレクト」といった決済商品や消費者向けの分割払いサービスを提供するなど，多彩なサービスを取り揃える。このように，受注前の顧客の販売支援や資金調達から，受注後の決済・請求業務，物流まで一気通貫で支援することで，金融機能を梃子に物流に関連する顧客のペインを解消している（**図表1-9**）。

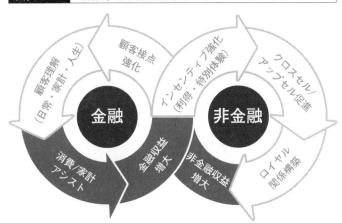

図表1-9　**金融事業と非金融事業の相互シナジー｜ヤマトHD**

④ **Block**

　Blockは，決済サービス「Square」を中心とするB to B事業と，個人間ペイメントアプリ「Cash App」を中心とするB to C事業を核にサービス展開している。設立当初，同社は，B to Bにおける経済圏拡大を図っていたが，時流を捉えて，事業ドメインをB to Cへ拡大させた上で新たな経済圏を構築している。近年では，2つの経済圏を掛け合わせることにより，さらに独自の経済圏を構築している点に特色が見られる。

　祖業である「Square」は，2009年にクレジットカード決済端末事業としてスタートし，端末の安さやシンプルさを武器に，個人事業主などの小規模事業者を中心に導入を広めた。しかし，同社は，顧客の潜在的なニーズに鑑み，「Square」を決済端末から，加盟店のビジネスを総合的にサポートするツールとして再定義し，売上分析や在庫管理，人事労務管理，さらには少額融資に至るまで，様々なサービス拡充を進めている。これにより，顧客のサービスへの粘着性を高めると同時に，収益性を向上させることに成功している。

　2013年には個人間送金サービスとして「Cash App」をローンチし，B to C事業へ参入した。祖業で築いた顧客基盤が事業者であると同時に，個人でもあることが同事業への参入を可能にしたのである。現在では，銀行口座への預入れ・引出しや株式・ビットコインの売買等の機能拡充により，30代未満の若い世代を中心に利用者を拡大し，事業の柱になるまでの急速な成長を遂げている。

　さらに，2022年にはオーストラリアのBNPL[7]サービス「AfterPay」を買収し，2つの経済圏との連携による同サービスの利用促進とともに，これを「接着剤」として両経済圏の接続によるシナジー創出を図ることを公表している。具体的には，「Cash App」におけるBNPLサービスの支払管理機能と「Square」加盟店における同サービスの提供や，「Cash App」の利用者に対して，加盟店のBNPLオファーを見つけられるようにしようとする計画である。これは，米国社会における若者を中心とした決済手段の嗜好の変化を捉えると同時に，BNPLサービス自体が持つ加盟店の売上増加効果によって，加盟店の決済取扱額の増加を図ろうとしているものと推察される。つまり，米国ではクレジット

7　「Buy Now Pay Later」の略称。

カードの作成に厳格な信用情報履歴（クレジットヒストリー）が必要となるため，審査が簡便かつ延滞時以外の手数料も掛からないBNPL決済が若年層を中心に選好されているが，「Cash App」の中心ユーザーでもある若年層の消費需要をこれによって取り込みながら，同サービスの手数料不要による分割払いという特徴が高額商品の購入需要を喚起することで，加盟店での決済金額増加による「Square」事業の収益極大化につなげる戦略である。

　このように，時流を捉えながら，B to BとB to Cの経済圏を，戦略的なM&Aを組み合わせることで，一帯の経済圏として連結し，独自の進化を遂げている点は，特筆すべき点といえよう（**図表1-10**）。

図表1-10　金融事業と非金融事業の相互シナジー｜Block

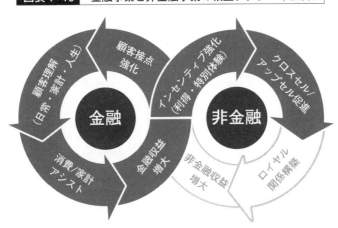

（3）金融事業への参入方法

　非金融事業者が金融事業（もしくは，金融事業者が非金融事業）に参入する方法は，大きく3つに大別される。
　①　業務・システムをゼロから自社で構築する
　②　既存金融事業者を買収する
　③　金融／非金融機能やサービスを提供するクラウドサービス（Banking as a Service等）を利用する

①は大規模な投資が必要となるため，金融インフラやケイパビリティを有していなくとも参入が比較的容易な②・③を選択し，経済圏構築に向けた顧客基盤の拡大や顧客満足度の向上に向けて，徹底的に自社の提供価値の磨き込みに経営資源を投下することを推奨する。

（4）金融事業の強化余地の診断

では，金融事業者による総合的な金融サービスの拡充，もしくは非金融事業者による金融事業への参入・強化を実現するためには，どのような打ち手を講ずるべきなのだろうか。

まずは，自社の現在の状態を把握した上で，金融事業強化の方向性を検討するアプローチが有効である。金融事業強化の方向性は企業ごとに異なるため，本節では実態把握の方法について，デロイト トーマツ コンサルティングが開発した金融強化余地の診断フォーマット（**図表1-11**）を用いて解説する。

まずは自社の戦略（図表1-11の①）における金融事業の取組意義・狙いが明確になっており金融事業と非金融事業の戦略的な整合性が取れているかの確

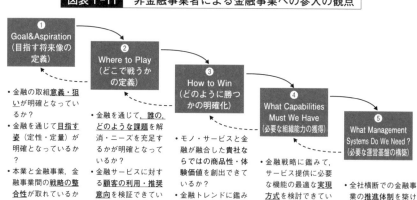

図表1-11　非金融事業者による金融事業への参入の観点

認が必要である。戦略が不明瞭なままでは，経営陣が適切な投資判断を行うことや，金融と非金融の両輪駆動を通じた相互シナジーを発揮することができなくなるおそれがある。

　次に，自社のターゲット顧客（同②）を設定した上で，自社ならではの提供価値（同③）を定義する。具体的には，顧客のペインの解消あるいはニーズを充足する方向性が明確になっているのか，それらの解消に向けて，金融と非金融が融合した自社ならではの商品性や体験価値を創出できているかの確認が必要である。昨今，様々な事業者が経済圏を構築している。そのような中で，顧客基盤を維持・拡大するためには，UI／UXの徹底的な磨き込みによるサービス自体の利便性向上やターゲット顧客の深い理解に基づいた価値提供が求められる。

　最後に，戦略や提供価値の実現を下支えする組織能力（同④）と運営基盤（同⑤）を整備する。具体的には，戦略実現や価値の提供に向けて必要な金融機能を最適な方法で具備できているのか，全社横断で金融の取組みを推進できる状態を築けているか，本業である非金融事業への貢献度をモニタリングできる態勢を構築できているのかの確認が必要である（**図表1-12**）。

図表1-12　非金融事業者による金融事業の強化に向けた診断項目

診断観点		診断項目
大分類	小分類	
Goal & Aspiration（目指す将来像の定義）	意義・狙い	金融を通じて解決したい経営課題が明確となっているか？
		本業貢献 and/or 金融収益重視のスタンスが明確となっているか？
	目指す姿	金融を通じて成し遂げたい状態・姿が明確となっているか？
		社内外の発信を通じて，経営層～現場社員が共通認識を持てる状態を築けているか？
		本業貢献 and/or 金融事業で目指す数値目標・時間軸が明確となっているか？
		金融事業への参入 and/or 強化に係る投資額・回収期間が明確になっているか？
	事業戦略との整合性	本業の戦略において，金融活用の観点・方針が明確となっているか？
		各金融事業の戦略において，相互連携の観点・方針が明確となっているか？

Where to Play (どこで戦うか の定義)	課題解決の対象	金融による価値提供のターゲットは明確となっているか？
		ターゲット顧客が抱えるペイン・満たされないニーズは明確となっているか？
		課題解決に活用できる金融機能が明確となっているか？
	顧客の利用意向	貴社ならではの金融サービスに対する顧客の利用意向を検証できているか？
		顧客の継続利用・推奨意向を検証できているか？
How to Win (どのように勝 つかの明確化)	独自性・差別化 価値	金融への活用余地がある強み・アセットが明確となっているか？
		強み・アセット活用による独自性を有した金融商品・体験価値を具体化できているか？
		他社サービスでは充足できない価値(≒必然性)を明確化できているか？
	ビジネスモデル	関連する金融トレンドの見通しを把握できているか？
		トレンドに鑑みて，蓋然性のある事業計画が策定されているか？
		持続的なビジネスモデルの構築に向けて課題はあるか？
What Capabilities Must We Have (必要な組織能 力の獲得)	実現方式	サービス提供に必要な機能は明確となっているか？
		必要機能を具備するための方策オプションが洗い出せているか？
		金融戦略に鑑みた適切な評価基準で選定できているか？
	提携・委託形態	有力なパートナー/ベンダーを洗い出せているか？
		明確な基準に則ってパートナー/ベンダーを選定できているか？
		経済条件は，ベンチマークと比較して適切な水準となっているか？
What Management Systems Do We Need (必要な経営シ ステム・体制 の構築)	推進体制	各金融事業の取組みが具体化されており，全社ロードマップに落とし込まれているか？
		各金融事業の投資プライオリティを評価する基準が明確となっているか？
		定期的に経営層にて進捗確認・アジェンダ議論・意思決定できる運用が整備されているか？
	モニタリング運用	金融事業の投資対効果・主要KPIを可視化できているか？
		本業貢献の効果・主要KPIを可視化できているか？
		金融の意義・狙いに鑑みて，期待する効果をあげられているか？

　ここまで金融コンバージェンスに関する要諦や金融事業への参入あるいは強化の方向性について述べてきた。ここで紹介した事例以外にも経済圏を構築している事業者は数多くいるため，今後経済圏の構築を目指す事業者は，既存事業者と自社の双方の実態を把握した上で徹底的に提供価値を磨き込み，差別化を図ることが重要である。

第3節 共通価値創造：CSV

　本節では，持続可能な社会を目指すSDGs／ESGの潮流の中，特に早急な対応が求められるカーボンニュートラルとサーキュラーエコノミーの2つに焦点を絞り，CSVの観点から金融の将来像を考察する。

　昨今，CO2の排出を実質ゼロにする「カーボンニュートラル」の達成を目指す動きが世界中で急速に進み，それに伴いモノやエネルギーの資源循環を前提とした経済「サーキュラーエコノミー」への移行が不可欠になっている。そこで，持続可能な社会の実現に重要な両輪となりうるカーボンニュートラルとサーキュラーエコノミーに関して，金融が果たすべき役割について考える。

（1）カーボンニュートラル実現に向けた金融機関の役割

　世界的な脱炭素化の流れの中，多くの企業が事業活動に伴うCO2排出量の把握と削減を求められるようになり，その対応を喫緊の課題として抱えている。日本では2021年6月に東京証券取引所がコーポレートガバナンス・コードを改訂し，プライム市場上場企業に対して，「気候関連財務情報開示タスクフォース（TCFD）又はそれと同等の国際的枠組みに基づく気候変動開示の質と量を充実」を課したことで，スコープ1と2の開示が必須となり，スコープ3も推奨事項となった[8]。その後，同年10月には，気候関連財務情報開示タスクフォース（TCFD）の指針が改訂され，スコープ3の開示を「強く推奨」に変更となった。

　結果的に，スコープ3の開示にまで範囲が拡大しつつある情勢を受け，この気候変動関連情報の開示の流れは，プライム市場上場企業だけでなく，そのサプライチェーン上にある企業にも波及し，多くの企業が自社CO2排出量の把握を始める必要性に迫られている。

8　スコープ1：自社の事業活動における直接的な排出
　スコープ2：他社から供給された電気，熱・蒸気の使用により発生する間接的な排出
　スコープ3：前述以外の事業活動に関わるサプライチェーン（他社）の排出

　これに伴い，金融機関（特に銀行）はCO2排出量算出・可視化等サービスを行う企業と協業し，自行取引先のCO2排出量可視化・分析・管理のサポートサービスを提供する動きが活発化している。まず2021年から2022年に掛けて，メガバンク3行がそれぞれbooost technologies，ゼロボード，Persefoni AIの各事業者と戦略的パートナーシップを締結した。並行して同時期より，地方銀行・信用金庫等が三井物産の100％子会社であるe-dashとの提携を相次いで発表し，2023年3月時点ではe-dashと提携する地方銀行・信用金庫等は100行庫を突破している。

　このように，銀行（公庫等を含む）が取引先のCO2排出量可視化等サービスを積極的に進める背景は，足元の短期的な目的（①②）から，さらに踏み込んで取引先や地域・社会の脱炭素実現に向けた中長期な支援（③）に大きく区分することができる。

---

① 取引先の脱炭素経営支援による融資の拡大

　取引先のCO2排出量可視化・分析・管理を進めることで，脱炭素経営への移行を後押しし，取引先による脱炭素関連の新規事業参入や省エネ設備導入等の新たな資金需要を捉えて，銀行の本業である融資の拡大を目論む。

② 自行のCO2排出量算定の省力化（スコープ3を含めた投融資資産のポートフォリオ算定）

　前述のTCFDの指針改訂によって，スコープ3の算定を迫られているのは，金融機関（銀行等）も同じである。特に，融資先の企業や，保有している株式・債券等の発行企業のCO2排出量をすべて足し合わせた「投融資資産のポートフォリオ算定」には膨大な労力が必要である。したがって，投融資先にCO2排出量算出・可視化サービスが導入できれば，ポートフォリオ排出量の算定を省力化できると考えられる。

③ エコシステム形成による先駆的な脱炭素社会の牽引

　金融機関（銀行等）がイネーブラーとなって，A：現状の見える化，B：ソリューション提供，C：ファイナンス支援，D：成果創出を一気

通貫して支援できるエコシステムを形成することで，先駆的な脱炭素社会を牽引することが可能になる（**図表1−13**参照）。

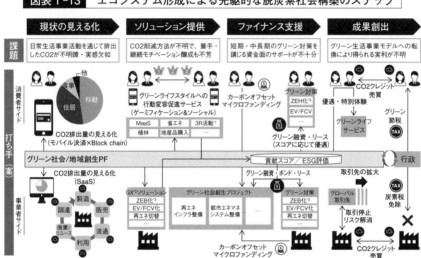

図表1−13 エコシステム形成による先駆的な脱炭素社会構築のステップ

*1 循環型社会に向けたReduce, Reuse, Recycle活動の略
*2 Green Transformationの略
*3 CO2 Net Zero Housing/Buildingの略

　金融機関の従来の役割や自行の効率化に鑑み，①②の目的において取引先のCO_2排出量可視化等サービスの導入を進めるのはもちろんのこと，今後は特に③を意識したビジネスモデル形成を企図すべきであると考えられる。

　本章の冒頭より述べているとおり，持続可能な社会の実現に向けて金融機関は，金融サービス提供者としてより一層の価値貢献が期待され，社会価値と経済価値が両立する方向にステークホルダーを動かす必要がある。そのため，新たなモノサシと，それを適切に管理して融通させることで，世の中にもたらす効用を最大化させるプレイヤーとして必要とされる。

　各社の動向を見ると，すでに③の目的を意識したエコシステム形成に着手している事例も見受けられる。例えば，三菱UFJ銀行とゼロボードの協業である。GHG排出量算定クラウドサービスを提供するゼロボードは，2023年4月時点

で2,000社以上に導入済みであるが，「ユーザーに対して我々が全てのソリューションを提供することは難しい」と断言している。当社はあくまで排出量算定とそのデータを活用する中立なプラットフォーマーになることに徹して，様々なパートナー企業に脱炭素のソリューションを提供してもらうという方針を掲げている。そして実際に，電力・ガス，総合商社，自治体，金融の４つを注力領域としてパートナーのネットワークを構築し，現在のパートナー数は100社を超えている[9]。

　三菱UFJ銀行は，ゼロボードと提携して取引先の排出量算定・可視化に取り組むほか，東京海上日動火災保険と提携して気候変動対応・開示に必要なガバナンス整備，シナリオ分析，GHG目標設定に対するサポートや戦略の高度化，対策の実行も見据えたコンサルティングも提供するとしている。

　ただし，上記を含む様々な例を見ても，今はまだ，金融機関を起点とする「エコシステム」や「先駆的な脱炭素社会の牽引」の面で特別に大きな存在感を発揮しているとまでは言い難い。今後，金融機関には，新たな社会モデルに適合するだけでなく，移行を後押しするような総合的な金融サービスの提供が求められると考えられるが，ゼロボードのパートナーの例や三井物産が仕掛けるe-dashによる地方銀行・信用金庫等の取引先の取り込みの例のように，金融機関に留まらず，電力・ガス，総合商社等も同領域で攻勢してくると考えられる。金融機関は，本業のファイナンスに加えて，広範なビジネスマッチングの知見や既存取引先との関係性等のアセット／ケイパビリティを活用し，CSV／サステナビリティに関する課題解決能力を追加で具備することで，金融業界の競合他社のみならず他業界にも打ち勝つような強力なリーダーシップを発揮し，脱炭素社会への移行を推進してもらいたい。

　日本の全企業数のうち99％以上を占める中小企業においては，一見コスト増にも捉えられる脱炭素への対応は敬遠される傾向にあり，上場企業やサプライチェーン全体への脱炭素圧力が強い業界以外では取り組む必然性がないのが実態だ。実際，ベンチャー等と提携してCO2可視化サービスを展開する金融機関

9　大崎真澄「１年強で導入社数は2200社超，脱炭素経営を後押しする気候テックのゼロボードが約24億円調達」DIAMOND SIGNAL（2023年２月15日）。

は多いものの，中小企業側の取組み機運が醸成されていないこともあり，苦戦しているという話をよく耳にする。中小企業側からも，金融機関から具体的なソリューション提案や導入支援がないため，コストをかけてまで現状を可視化することの意義が感じられないという声も漏れ聞こえてくる。現時点で脱炭素に取り組む必然性が見出せない中小企業に対して，環境のためと大義を掲げるだけでは暖簾に腕押しだ。環境によければ買うという考えは迷信であり，経済合理性があるから買うのであって，その結果，脱炭素にもつながるソリューションを取引先の経営・事業環境に応じて提案できるかが現状を打開する切り札となるだろう。例えば，既存設備の稼働の最適化やエネルギーロスの低減，省エネ性能の高い設備導入によるエネルギーコスト削減，等が挙げられる。

　金融機関は，中小企業を筆頭に取引先の脱炭素を促進するにあたって，経済合理性の成立が最重要であることを念頭に入れた上で，技術進展に伴う最適ソリューション・設備等の動向を適時・的確に捉え，補助金などの経済的な支援を最大限に活用できるものを提案し，ファイナンスも手当てすることで，経済合理性と環境価値を両立させるビジネスモデルへの転換を一気通貫で支援することが求められるのではないか。

（2）サーキュラーエコノミー実現に向けた金融機関の役割

　サーキュラーエコノミーへの移行に向けて，金融機関は視点を「資産からサービスへ」，「単一企業からパートナーシップを含めた全体へ」に切り替えるようなサービス・審査モデル（投資）とツール・知見の提供を通じて，循環型経済の中核的な役割を果たす必要があると考えられる。

　グローバルでは，銀行を始めとする金融事業者がサーキュラーエコノミーを好機と捉え，サーキュラーエコノミーのエコシステムにおける自らの役割を認識し，ビジネスモデルを転換する上で必要な投資とツールを提供する役割を果たす動きが活発である。

　例えば，オランダの投資／商業銀行であるABN AMRO, ING, RABOBANKの３行は，2018年にサーキュラーエコノミーファイナンスガイドラインを共同で策定し，サーキュラーエコノミーファイナンスの共通認識の醸成を図ること

を目的として，金融機関が留意すべき4つの点を提示している。

---

① Use of Investments：資金使途

　対象企業／プロジェクトにおいて，中長期的にビジネスモデルが与える社会・経済・環境への影響度合いを定性／定量の両側面で評価すべきである。

② Process for Project Evaluation and Selection：評価・選定プロセス

　金融機関は，ステークホルダーに以下を説明すべきである。

　(i) 融資先（発行体）に対する，サーキュラーエコノミーの基準の充足度

　(ii) 例外条件および原材料リスクの特定・管理に関する評価プロセスへの該当有無

　(iii) 環境・社会の持続可能性に関する実績と目標

③ Management of Investments：投融資金のトレース

　サーキュラーエコノミーファイナンスとしての投融資金は，投融資先の口座資金をトレースすべきである。

④ Reporting：開示

　トレーサビリティや監査に備えた，サーキュラーエコノミー支援目的の投融資に関する最新情報の把握のほか，社会インパクトに関するKPI（定量・定性）を設定することを推奨する。

　上記3行の中でも特にING銀行は，サーキュラーエコノミーへのビジネスモデル変革を前提とした顧客ビジネスモデル評価の策定や従業員向けトレーニング実施を積極的に推進している。そして，サーキュラーエコノミー型ビジネスモデルの代表例としてPaaS：Product as a Service（サービスとしての製品）を採り上げ，多くの企業が製品を売るのではなくサービスとして提供するモデルへと転換を進め，製造側にはより耐久性の高い製品を作る動機が生まれることでサーキュラーエコノミーの加速度が増すことを説明している。

　このようなビジネスモデル変革の結果，金融機関は，本節冒頭に示した「資

産からサービス」へと焦点を移した投融資の方法を再考せざるを得ない。資産評価から担保取得といった従来の融資手法は，人々がモノを「所有しない」ことにより成り立たなくなるからである。

　また，ING銀行は，サーキュラーエコノミーが銀行を始めとする金融業界全体に対しても大きな変革を迫っていると指摘し，サーキュラーエコノミーに絡む今後の融資に関して，「対象」「時間軸」「信用情報」「担保」等の面から融資の仕組みを変化させる必要性があると説いている（**図表 1-14**）。

図表 1-14　ING銀行によるサーキュラーエコノミーの取組み

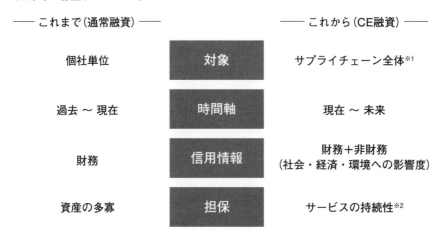

サーキュラーエコノミー関連企業に対しては，通常融資の基準に加えて，大局的に審査することが求められる

── これまで（通常融資）──		── これから（CE融資）──
個社単位	対象	サプライチェーン全体※1
過去 〜 現在	時間軸	現在 〜 未来
財務	信用情報	財務＋非財務 （社会・経済・環境への影響度）
資産の多寡	担保	サービスの持続性※2

※1：サプライチェーン全体の持続性が企業収益に与える影響が大きいことが背景
※2：CE型ビジネスモデルの代表例がPaaS（Product as a Service）で，製品販売からサービス提供のモデルに転換しつつあることが背景

　国内でもサーキュラーエコノミーへの関心が高まりつつあり，統合報告書やアニュアルレポートにおいてサーキュラーエコノミーに係る情報を開示する企業も出始めている。しかし，こうした開示は一部の先進企業に留まっており，開示の方法や内容も各社各様である。このような中2020年に，経済産業省と環境省は，サーキュラーエコノミーに資する取組みを進める国内企業が国内外の

投資家や金融機関から適正に評価を受け，投融資を呼び込むことができるようにするため，「サーキュラー・エコノミー及びプラスチック資源循環ファイナンス研究会」を設置した。そして，2021年には，サーキュラーエコノミーに係る開示や企業と投資家・金融機関の間での対話の促進を図るためのガイダンスとなる「サーキュラー・エコノミーに係るサステナブル・ファイナンス促進のための開示・対話ガイダンス」を公表した。同ガイダンスは，サーキュラーエコノミーに特化した開示・対話のポイントとともに，多くの開示事例を紹介している。

　対応が進む欧州等からは少し遅れる形で，日本国内でも上記のようにガイドライン整備が進んでいる。一方，ガイドラインに則った実際のビジネスモデル変革はまだまだ希薄であるといわざるを得ない。

　したがって，国内においては，サーキュラーエコノミー型ビジネスモデルへの変革のための支援に目を向けたり，結果として従来のサービス・審査モデルを続けていくことに大きなリスクを感じている金融機関は少ないかもしれない。ただし，今後，環境へのさらなる社会的関心の高まり，消費者の志向の変化，企業存続に関わるほどの資源枯渇等の影響から，サーキュラーエコノミー型のビジネスモデル移行は確実に進行する。旧態依然としたビジネスを続け，新しいサービス・審査モデルの見直しを先延ばしにするのは，結果的に金融機関のリスクを増大させる可能性があるため，金融機関自らが社会／地域のサーキュラーエコノミーシフトを先導していくことを期待したい。

第4節 **Web3／メタバース**

　本節では，Web3とメタバースの捉え方を整理した上で，将来の金融に及ぼす影響を様々な切り口から述べていく。具体的には，Web3の有無ごとにメタバース上での金融サービス，金融＋非金融サービス，BaaSなどの観点でサービスの現在の方向性と今後の変化の可能性に触れている。

　特にWeb3は，金融が震源地ともいえるものであり，金融，ひいては資本主義そのものに影響を及ぼす可能性があるため，金融業界は望ましいシナリオに向けた取組みを積極的に展開するべきだろう。

　メタバースにおいても特にWeb3との掛け合わせにおいて新たな市場創造につながることが予見されているため，同様に重要なトレンドとして準備を始める，もしくはさらに加速する契機として捉えておきたい。

（1）Web3の歴史と概要

① Web3の隆盛と背景

　Web3は岸田政権において経済財政運営と改革の基本方針2022など国家戦略にも掲げられ，スタートアップのみならず，大企業の多くもWeb3への投資やユースケース創出に取り組んでおり，もはや重要な社会トレンドの1つである点に疑いはない。

　ここに至るまで2009年のビットコイン誕生から14年を要している。2013年のスマートコントラクトによる汎用プラットフォーム化，2017年のDApps，2020年のDeFiの勃興を経て，2021年にはNFTとDAOが急拡大したことが，Web3が注目を集めた経緯だ。また，直近では，2023年度税制改正で暗号資産に関する税制を見直す施策など，行政での規制改革が活発化していることが重要なドライバーとなっている。

　図表1-15に挙げたキーワードは本書を読み進めるにあたって前提となるため，簡単に触れておきたい。

図表 1-15　Web3の歴史

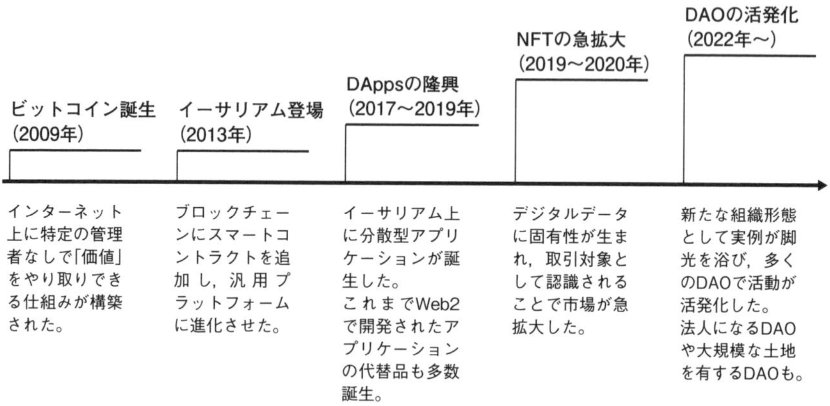

- ✓ DApps：Decentralized Applicationsの略で，ブロックチェーン上で提供されるユーザー向けサービスを指す。
- ✓ NFT：Non-Fungible Tokenの略で，唯一固有のものとして発行されるデジタル資産を指す。
- ✓ DAO：狭義には特定の個人の指示ではなく自律的にブロックチェーンが定めたルールに則り，目的に向かって個々人が協力し合うコミュニティを指す。

　国家を巻き込んで注目を集めるに至った背景として，ブロックチェーン技術がもたらす新たな価値と，プレイヤーの力関係の変化が存在している。

　ブロックチェーン技術の詳細については他書に譲るが，取引履歴を相互に記録し合うことから不正が発生しにくいことが特徴として挙げられる。ブロックチェーン技術があることによって，これまで無制限にコピーや悪用されてきたデジタル資産に一意性を持たせることが可能になったことで需給が生まれ，デジタル社会に市場経済がもたらされた。また，デジタル資産の取引履歴や創造に至るまでの経緯や，デジタル資産にかかわらず，あらゆる活動履歴を含めて，これまで主観的に判断するしかなかった価値が記録として残ることになり，客観的に非経済的な価値として明確化されることになった。金銭的な報酬に代表される経済的な価値に対して，時間や名声などの報酬を指して非経済的な価値

が定義される。これまでは経済的な価値が重要視されてきたが，Web3によって変化がもたらされる可能性を秘めている。つまり，行政や銀行などが法規制や権威によって定義・維持してきた機能を代替する可能性があり，金融業界のみならず，多様な業界からも注目を集める背景となったといえよう（**図表1-16**）。

図表1-16　Web3の特徴

デジタル社会における市場経済の確立	"かたちのないもの"の価値の定義付け

➤デジタル資産（NFTなど）の一意性および所有者の証明が可能となり，経済活動が実現
－従来は，元データを複製した"海賊版"が流通しデジタル資産の価値を識別できなかった
－ブロックチェーン技術によるデータの改ざんや複製を防止することがデジタル資産の価値の担保につながり，売買も可能になった

➤コンテンツが生成されるプロセスの証明が可能となり，形のないものの価値の定義が実現
－従来は，各種コンテンツの証明書やコミュニティのメンバーシップの数で主観的に非金銭的な価値を判断するしかなかった
－ブロックチェーン技術によってプロセスに関与した経験やファンの多さなども価値の一部として客観的に明確化されることになる

②　ファットプロトコル理論

　プレイヤーの力関係の変化については，ファットプロトコル理論（**図表1-17**）に触れておきたい。端的には，コンテンツ／IP，アプリケーション，プロトコルの3レイヤーの力関係が変わることを示している。アプリケーションを提供するプレイヤーの特にGAFAM等のプラットフォーマーに顧客接点やデータが集まり，その結果，プラットフォーム利用料や広告料といった名目で価値の源泉が集中するWeb2の構図を根本から変えうる概念としてWeb3を表現している。

　これまで，写真などのコンテンツデータやユーザーデータはアプリケーションが保持していたため，アプリケーションを提供するプレイヤーに価値が集まり，デジタルアートのクリエイターなど，コンテンツプレイヤーは相対的に利

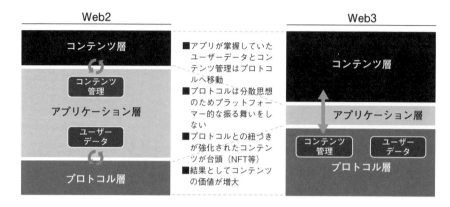

図表1-17　ファットプロトコル理論

益を得られにくい状況となっていた。一方，Web3では，プロトコルレイヤー
にコンテンツデータとユーザーデータが移動するため，アプリケーションはそ
れらのデータにアクセスする鍵やユーザーインターフェースを提供するに留ま
り，価値の集中度合いが低下する。本来であればプロトコルレイヤーに価値が
集中する結果，Web2でアプリケーションに集まった利益がプロトコルレイ
ヤーに移るだけとも捉えられるが，プロトコルレイヤーを担うイーサリアムな
どのサービス運営者は分散管理を志向しており，余剰利益を積み上げることを
考えていない。それよりも，プロトコルレイヤーに集まった価値をトークン経
由でコンテンツプレイヤーに還元することで，"個"がエンパワーメントされ
る分散管理の実現を成しえようとしている。この考えこそが，ファットプロト
コル理論である。

③　金融業界が見据えるべきシナリオ

　では，金融サービスの提供者は，どのような観点でWeb3の影響を推し量る
べきか。ブロックチェーン技術がもたらす新たな価値などを踏まえると，多様
な資産の管理人としての金融機関の役割と，法定通貨とは異なる新たな価値尺
度として，「価値の分散管理」と「非経済価値の市場創出」に着目すべきだろ
う（図表1-18）。

　価値の分散管理は，DeFiなどにみられるように，中央集権的な権威付けを

図表1-18　Web3が金融サービスにもたらしうるシナリオ

Web3の進展がもたらしうるシナリオ

経済価値が流通の中心

シナリオ軸の選定の考え方

多様な資産の管理人としての金融機
関の役割と，法定通貨そのものの価値
を覆す要素として以下の2点を選定

| 価値の分散管理 | 非経済価値の市場創出 |

価値の集中管理が主流

シナリオ①
既存の金融機関などが信用補完することで，日常取引を含めて暗号資産が活用される世界

シナリオ②
個々に信用を補完しあう取引が流量の大半を占め，既存の金融機関などの影響力が低下する世界

価値の分散管理が主流

シナリオ③
既存の金融機関などが創出する新しい価値基準を通じて，モノやサービスの交換が成立している世界

シナリオ④
非経済価値による新たな経済思想が生まれ，新たなルール・規制などで個別市場が成立している世界

非経済価値が流通の中心

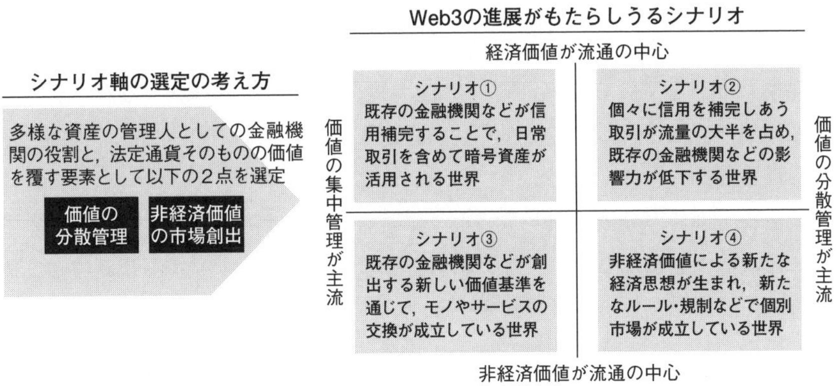

利用せずに経済活動の信用が担保されている状態を指す。あるサービスの価値を生産者と消費者が相互に認め合う状態を指し，その対価は市場経済か相互に合意した値付けによって決まる。

　非経済価値の市場創出は，概念的だが，これまで法定通貨を介して効率的に価値の移転が行われてきた市場とは異なる新たな市場として，プロセスが価値になり，法定通貨とは異なる基軸で算定され，流通することを指している。

　価値の集中管理と分散管理，および経済価値と非経済価値，それぞれを対極に4象限で整理し，Web3の進展が金融サービスにもたらす4つのシナリオについて，向き合い方を考えたい。

　まず，価値の集中管理が主流かつ経済価値が流通の中心のシナリオ①は，既存の金融機関などが信用補完することで，日常取引を含めて暗号資産が活用される世界が到来する。金融機関にとって最も望ましい世界観だといえ，金融庁でもトラストポイントの分析を進めるなど，暗号通貨の流通においても金融機関で価値を管理しつつ，新たな経済価値の流量として迎え入れようとする動きが見られる。

　第2に，価値の分散管理が主流かつ経済価値が流通の中心のシナリオ②では，個々に信用を補完し合う取引が流量の大半を占め，既存の金融機関などの影響力が低下する世界が到来する。金融サービス提供者は，このシナリオを最も避

けたいのではないだろうか。

　第3に，価値の集中管理が主流かつ非経済価値が流通の中心のシナリオ③では，既存の金融機関などが創出する新しい価値基準を通じて，モノやサービスの交換が成立している世界が到来する。まったく新たな市場が形成されるが，金融機関が淘汰されるのではなく，引き続き重要なプレイヤーとして役割を求められることになる。

　最後に，価値の分散管理が主流かつ非経済価値が流通の中心のシナリオ④では，非経済価値による新たな経済思想が生まれ，新たなルール・規制などで個別市場が成立している世界が到来する。このシナリオは金融機関にとって，既存の法定通貨による経済活動がシュリンクしない限りは現在の経済圏を脅かすものではないため，傍観することになるのではないだろうか。一方で，経済活動の総量が変わらない場合は，法定通貨による経済活動が大幅に減る状態が危惧され，金融機関の事業へのダメージは大きい。しかし，経済価値の流通部分での役割はなくならないため，市場から完全に淘汰されるわけではない。

　いずれにしても重要なことは，Web3は一過性のバズワードでもWeb2を代替するものでもないと理解した上で，利用者に与える影響の内容と範囲を正しく捉えて，自社にとって望ましいシナリオの形成に向けて早期から戦略構築し，勝ち筋たる打ち手に落とし込んでおくことだ。2023年時点で税制など規制改革は緒に就いたばかりだが，政府が発表した「スタートアップ育成5か年計画」（**図表1-19**）では，2025年時点で規制面の整備が完了する方向性が示されており，すでに行く末を傍観するだけでは遅れにつながるところまで時間軸が具体化されている。Web2時代にビジネスモデルの妙で後塵を拝してきた日本企業にとって，市場構造が変わりうる節目をゲームチェンジの好機と捉えて，早期から適切な対策を講じておくことは最早必須といっていいだろう。

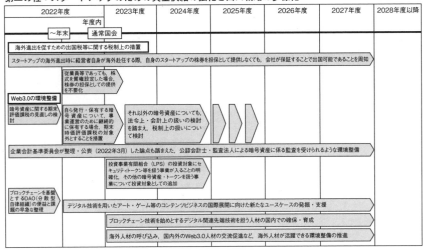

図表1-19　スタートアップ育成５か年計画

出典：内閣官房「スタートアップ育成５か年計画ロードマップ」

（2）メタバースの歴史と概要

　2023年時点でメタバースがバズワードだと考える読者はすでに少なくなっているのではないだろうか。UAEは，国家戦略としてメタバースを捉え，５年で５倍の企業数，４万件の雇用，5,000億ドル規模の経済規模に成長させるという目標を打ち出した。また，韓国の科学技術情報通信部では，メタバースに関する汎政府的戦略を発表し，倫理にまで踏み込んでガイドラインが制定されている。実際にソウル市では，バーチャル行政プラットフォームである「メタバースソウル」の運用が開始された。他方で，企業レベルでは，Facebook社がMeta社に社名を変更し，VRデバイスに投資を加速するなど，現在の事業にかかわらず，様々な企業がソフトウェア・ハードウェアの両面で，次なるプラットフォームの形成および覇権争いに取り組んでいる。

　一方で，メタバースは真新しい概念やサービスではない。2000年ごろに登場し，下火となったセカンドライフなどの先駆的なサービスは，通信速度やハー

ドウェアの処理能力などの技術的なハードルで参加者が増えない等の理由から
コミュニティが不活性化してしまい，SNSに代替されて下火になった過去があ
る。

　現在，盛り上がりを見せているメタバースは，これまでの技術的なハードル
が解消されてきたことと，先述のWeb3などの後押しによって，単なる顧客接
点やコミュニケーションの場としての役割に留まらず，新たな経済圏を創出し
うるポテンシャルが期待されるまでになっている。

　技術的な変化のうち，最も大きな要素として，メタバースへのアクセスの方
法が挙げられる。AR（Augmented Reality：拡張現実）やVR（Virtual Reali-
ty：仮想現実）を一般消費者が楽しめる価格やデバイスの大きさで提供できて
いることにより，過去は一部のコアなユーザーだけが有するようなハイスペッ
クなPCでしか実現できなかった没入感を，多くのユーザーに与えることが可
能になった点だ。

　なお，前述したように，ブロックチェーン技術によって，デジタル資産の市
場経済が成立し，非経済的な価値すらも定義付けできるようになった点もコ
ミュニティの形成を強力に後押ししている。

　コミュニティの変化という観点では，上述の技術の進展によって単純にアク
セスできるユーザー数が増えたことに加えて，世界的なトレンドとしてZ世代
以降の価値観がミレニアル以前から大きく変化した影響が大きい。

（3）Web3とメタバースを踏まえた金融サービスの将来像

　メタバースが中心にある世界は，XRとWeb3が融合した世界が最終形と捉え
られているが，技術の成熟度合いや規制の課題もあるため，段階的に進んでい
くものと考えられる。

①　金融＋メタバースの世界観

　まずは，Web3を除いて，メタバースが介在する世界観を前提としたときに，
金融サービスのあり方はどのように変化していくか考察したい（**図表1-20**）。
　金融サービス提供者は，これまでの金融だけではなく，＋非金融を念頭に置

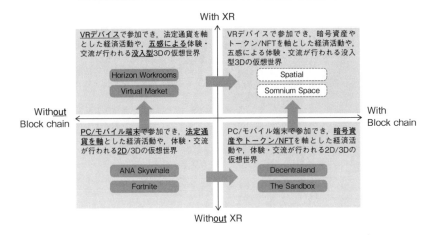

図表1-20 テクノロジーカットのメタバースの分類

With XR

VRデバイスで参加でき，法定通貨を軸とした経済活動や，五感による体験・交流が行われる没入型3Dの仮想世界

- Horizon Workrooms
- Virtual Market

VRデバイスで参加でき，暗号資産やトークン/NFTを軸とした経済活動や，五感による体験・交流が行われる没入型3Dの仮想世界

- Spatial
- Somnium Space

Without Block chain ← → With Block chain

PC/モバイル端末で参加でき，法定通貨を軸とした経済活動や，体験・交流が行われる2D/3Dの仮想世界

- ANA Skywhale
- Fortnite

PC/モバイル端末で参加でき，暗号資産やトークン/NFTを軸とした経済活動や，体験・交流が行われる2D/3Dの仮想世界

- Decentraland
- The Sandbox

Without XR

いたサービス開発や，他業種との連携に金融機能を提供するBaaS（Banking as a Service）など，進化の必要性に直面してきた。これらはメタバースによって消失するトレンドではなく，今後も継続する変化と捉えるべきであるため，それぞれの象限で成立しうるサービスを検討しておくことが望ましい。

　加えて，メタバースが介在することを前提とした場合に，メタバースそのものの運営自体にも，金融サービス提供者が価値を発揮できる可能性があるだろう。実際に韓国では，銀行と不動産会社がメタバースを構築し，場所貸しを行うなど，事例も生まれている。また，日本においても2023年2月，金融とITの10社が「ジャパン・メタバース経済圏」の創出に向けて基本合意したことも，発表当時に話題となった。

　上記を踏まえると，ベースとなるメタバースのみの場合においては，金融機関の立ち位置は，(i)金融サービサー，(ii)金融＋非金融サービサー，(iii)サポーター，および(iv)プラットフォーマー，という4つが想定される（**図表1-21**参照）。

　Web3にかかわらないメタバースを用いた金融サービスの萌芽を用いて現時点の方向性を探る。

図表1-21　メタバースにおける金融機関の主なビジネスモデル

メタバースの運営元	金融機関の主なビジネスモデル		主な役割
他社	サービス提供者	❶ 金融サービサー	■ 店舗を開設し，メタバース上の個人や法人に対して金融サービスを提供する ■ 新たな顧客接点の構築やニーズ把握を目的としたイベント企画・運営，従業員トレーニング等も行う
		❷ 金融＋非金融サービサー	■ 金融サービスに加え，非金融サービス（不動産業やマーケットプレイスの運営等）を提供する
	金融機能提供者	❸ サポーター	■ 提携プラットフォーマーの要請に応じ，裏方(BaaS)として金融機能を提供 メタバース上の通貨管理，法定通貨の両替　等
自社	❹ プラットフォーマー		■ 地域やコミュニティ向けの専用区画としてメタバースを自ら構築し，目的に共感する事業者と協調してサービスを提供する

（i）金融サービサー

メタバース向けの商品開発を行うケースと，バリューチェーンを効率化する2つの方向性で展開が進んでいる。メタバースは，リアルでウェアラブルデバイスなどから得られる部分的な行動履歴のデータに留まらない包括的なデジタライゼーションやVRによるリアルの制限からの解放を軸に，新たな商品の創造とバリューチェーンの刷新をもたらす。

新たな商品の創造は，メタバース上のコミュニティにおける評判や貢献度合いをもとにした融資や，個人ではなくコミュニティ単位で提供する決済・融資・保険など，従来とは異なる単位，情報で実現される可能性がある。メタバース上での行動はすべてデータ化されているため，過去の特定情報ではなく，今，この瞬間に生まれる多様なデータも活用したリアルタイム・高精度な与信が可能となるだろう。例えば，メタバース上でのソーシャルグッドな取組みに対する評価などを与信スコアに含めることも考えられる。

バリューチェーンの刷新は，商品開発，営業・マーケティング，業務運用（契約手続，融資実行・保険金支払など）に分けて考えてみたい。

商品開発は，メタバース上のシミュレーションを通じて最適化した保険を現実社会に展開したり，メタバース上の行動履歴などの大量データを統計分析し

た結果をもとに商品を開発するなど，デジタルオリエンティッドな手法が広がる可能性がある。

　営業・マーケティングは，体験型コンテンツも活用しながら五感に訴えかけることで，実物がなく，商品性が複雑な金融商品の理解促進や必要性の実感醸成を促す手法や，容姿・時間・場所に縛られずにアバターを通じたテキストベースなどのコミュニケーションが得意なネット民がメタバース上で営業活動を行うなど，これまでの営業・マーケティングとは一線を画したものに変わりうる。

　業務運用は，手続をリアルではなく，メタバース上で行うように促すことで，アナログ情報をデジタル化するプロセスを飛ばし，エンド・ツー・エンドでのデジタル完結手続を加速させることが可能となる。また，現実の業務運用をメタバース上に再現し，人の配置や業務の流れなどをシミュレーションで最適化した結果をもとに，業務をゼロベースで作り変えることも可能となるだろう。

　これまで述べてきたサービスの可能性に近しい事例も足元で生まれている。

　Fidelity Investments[10]社は，メタバース上で，投資を始めとした金融商品についてユーザーが学べる新たな機会を提供している。

　韓国のKB Kookmin Bank[11]社は，メタバース上に表示されたアイコンを通じた口座情報閲覧や送金指示に加え，アバターを通じてアドバイザーと個別相談ができるサービスも提供している。

　ドイツのERGO[12]グループは，メタバース空間で保険販売のトレーニングを行うことにより，営業職員のスキルを効率的に向上させている。メタバース空間ではメールやチャットを確認しないため，Webベースのトレーニングに比べて効率が70％向上したとしている。

(ii)　金融＋非金融サービサー

　リアルでも見られるように，様々な非金融コンテンツの提供事例が生まれている。スペイン第3位の銀行Caixa Bankは，Decentralandに「imaginLAND

10　https://www.fidelity.com/social-media/metaverse
11　https://www.ajudaily.com/view/20211129125206691
12　https://next.ergo.com/en/NWOW/2022/mini-Metaverse-virtual-reality-VR-sales-training-insurance-Oculus-Quest-glasses.html

［1］」を開設し，若年層300万人が利用するネオバンクサービスのブランド「imagin」として，毎月コンサートを開催するなど，様々なイベントやサービスを展開している。リアルとデジタルの連携にも力を入れており，リアル店舗のImaginCafeではメタバースを利用するためのスペースが設けられている。デジタルバンクの「imagin」では，音楽，ビデオゲーム，トレンド，テクノロジー，サステナビリティ，チャリティ，旅行や都市部のモビリティといった区分で非金融サービスを提供しており，今後，imaginLANDでの展開も視野に入れていると思われる。

(iii) サポーター

メタバースにおけるBaaSは主にブロックチェーンにかかわる部分が多く，ウォレットの実装などが主な事例になっているが，メタバースやゲームのコミュニケーションツールとして利用されるDiscordに銀行サービスを組み込むサービスや，ゲームアカウントと銀行口座の紐づけを行うサービスを提供する事業者が生まれている。

(iv) プラットフォーマー

金融サービス提供者がメタバースの運営自体に乗り出すケースも出てきている。前述のジャパン・メタバース経済圏は，日本のメガバンクを始めとした大手企業10社が創出に取り組むプロジェクトで，ロールプレイングゲーム要素を取り入れてユーザーが様々なサービスに出会える仕組みと銀行によるKYCなどの信頼性担保が見込まれている。

② 金融＋メタバース＋Web3の世界観

さらに，これらにWeb3が加わった場合には，Web3の箇所で述べたように，価値の分散管理と非経済価値の市場形成を加味した金融サービスが求められてくるだろう。

(i) 金融サービサー

金融機関が信用補完するケースに向けて，まだ経済価値の範疇を出ないが足

元でも事例が生まれている。

　米国の決済企業Stripeは，法定通貨から仮想通貨への変換ツールサービス「Link」を提供し，エンドユーザーはNFT等の仮想通貨が必要なものを法定通貨で即時購入することが可能になった。

　American Expressは，暗号資産やNFTベース決済に絡むサービスの提供や，安心・安全，信頼性が課題の暗号資産／NFT決済に，リアルで培った不正検知サービスを機能提供しようとしている。

(ii)　金融＋非金融サービサー

　ドバイで生まれていたような新規事業のアクセラレータプログラムは，Web3のDAOの概念と親和性が高いと考えている。DAOの概念が成立すれば，個々の提供した貢献量に基づいてスマートコントラクトによる分散管理が行われるため，必ずしも法人格を有する相手だけを対象としなくて済むからだ。

　例えば，前述のドバイの事例ではスタートアップとエミレーツをマッチングするとしているが，現時点では個人ごとの貢献に踏み込んでいるわけではないため，企業同士の交流に留まっているものの，一般顧客やフリーランスワーカーも貢献量が可視化され，適切な報酬が支払われるのであれば，より多くの参加が見込めるだろう。

(iii)　サポーター

　BaaSの事例としては，ジャパン・メタバース経済圏で三菱UFJフィナンシャルグループがWeb3型メタバース金融機能や海外展開支援を提供する点が挙げられる。三菱UFJフィナンシャルグループは，ANA GranWhaleでメタバース空間における金融機能および金融サービスの提供に向けたニーズ調査，規制・制度の検討を進めてきた。また，データ利活用についてもANA GranWhaleから調査を深めており，今後はメタバース上での取引や活動をリアルでの融資審査に活用するなど，新たなサービスが生まれる可能性を秘めている。

(iv)　プラットフォーマー

　DAOの要素を取り入れたメタバースの革新が生まれると想定している。

　DAOは，参加者の貢献量が明確に示されスマートコントラクトによって公正な報酬の分配がなされる点が特徴だ。これまでメタバースは，場の構築に多大な投資が必要で，運営者側にまわれるプレイヤーは限定的だったが，DAOの概念を用いれば，多数の貢献を呼び込むことが可能になり，一般消費者や投資余力が心もとない企業でも参入することが可能になる。

　メタバースの運営が陥りがちな失敗として，イベントに終始してしまいイベント後に誰も利用しない“死の町”が生まれた事例は枚挙にいとまがない。DAOの概念を持ち込んでリアルにおける社会課題を解消するなど，継続的に利用者が集まる仕掛けや意義を前提として取組み案を整理することで，同様の失敗を避けていくことができるだろう。

　これまでメタバースとWeb3を想定した金融サービスの将来像を議論してきた。

　他方で，メタバースが生み出す経済が，メタバースの中だけに留まらない点も注意が必要だ。リアルでの経済活動がなくなることは考えられないため，メタバースでの経済活動などが進展したとしても，リアルへの経済価値の転換が求められることに変化はないと考えている。

　例えば，Z世代やα世代は，例えばゲーム利用者のうち半数以上が課金しており，課金目的の上位３項目にはゲーム内通貨が含まれているといわれている。すでに実際のデビットカードとモバイルアプリを用いて親世代とともにお金の使い方を学んでいくサービスが存在しているが，メタバース近辺でもマインクラフトなどを用いた金融教育に取り組んだ事例も散見され，リアルとデジタルをまたぐ形で同様の金融教育に取り組むニーズが今後拡大することが想定される。

　世界全体で人口が増加し，特にα世代が増加していくことが見込まれているため，世界的にはメタバース領域においてα世代がドライバーであることに変わりはないが，日本の市場においては，人口減少と少子高齢化が急速に進展していることから高齢者にも目を向けておきたい。

　若年層が減り，高齢者が増える日本においてメタバース活用の芽がないということではなく，高齢者向けにも治療や終活の領域において活用事例が生まれ

つつある。これまでのスマートフォン普及による高齢者のデジタル受容度の高まりを受けて，ゲームを軸にリアルでの連携を含む形でコミュニティを形成する高齢者なども出現してきているため，重要な市場として捉えるべきだろう。

　以上のようなWeb3とメタバースが介在する世界観を前提とした金融サービスのあり方については，読者の中には，まだ他人事に見えるという意見もあるかもしれないが，認識を改めるべきだ。過去の先駆的なサービスとは成否を分ける要素が市場に垣間見えており，着実に変化が進む中で，メタバースとの向き合い方を戦略に落とし込むことは，もはや必須の状況である。

第5節　コミュニティ

　現在，日本社会は世界情勢やデジタル化などの潮流を受け，大きな変動の真っただ中にある。抜本的な解決策の見つかっていない少子高齢化などの社会課題が山積し，個々人の生活の不安材料となっている。しかしこうした不確実性の高い時代であるからこそ，これまでも人々に「安心」を提供してきた金融業界の役割に対する期待値は高まっている。例えば保険業界においては，金融商品仲介業にかかる規制緩和なども背景に，従来の生命保険・損害保険商品販売に加え，資産形成や健康維持を含む，生活における幅広い不安に対して応えていく姿勢が求められている。

　こうしたニーズを直視しつつ，持続性のある事業を実現していく上でカギとなってくるのが「ニュー・コミュニティ・ビジネス」という考え方だ。昨今の社会環境の変化に起因するコミュニティ形成に対する感度を高め，これらのコミュニティと深く関わることで，自社の中長期的な成長につなげていく。本節では金融業界を取り巻く特に重要な環境変化とそれらに起因するコミュニティに言及しつつ，金融企業がコミュニティと関わりながら，どのように新規事業を立ち上げていくべきかを提示する。

（1）金融業界を取り巻く環境変化

　自社の将来的な事業を検討するにあたり，まずは長期的に起こるであろう環境変化をイメージすることが大事だ。10年先の金融事業に大きな影響を与えうる環境変化にはどのようなものがあるだろうか？

　総じて見たとき，金融事業に特に影響を与える変化は①労働人口の変化，②人材・就労形態の流動化，③社会的な価値観の変化，④テクノロジーの進化，といえるだろう（**図表1-22**）。

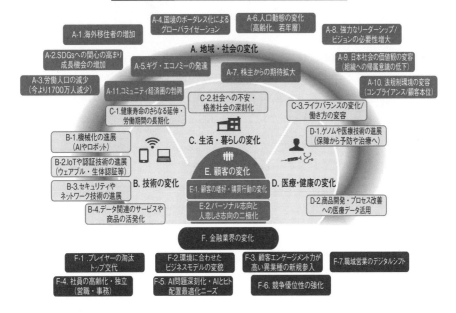

図表1-22　金融企業に影響しうる環境変化

① 労働人口の変化

　少子高齢化の波を受け，労働人口の減少が続いた場合，社会の多方面に深刻な影響を与えるだろう。人手不足によって，中小企業などの事業規模拡大が妨げられる可能性がある。金銭的な余力が生まれにくいことから，従業員の賃金水準も上がりにくく，従業員の日々の生活に影響が出る。就業年齢の引上げやAIを活用した業務の自動化・効率化，外国人人材の増加など，官民による総合的な対応を効果的に行う必要がある。

② 人材・就労形態の流動化

　若年層を中心に人材の流動化，働き方の多様化が進んでいる。正社員であっても，1つの会社で働き続ける人は減っており，数年ごとに転職を繰り返すジョブホッパーも珍しくなくなってきた。フリーランスやギグワーカーとして働く人も増えており，企業と従業員の関係性が変化している。正社員・契約社員・派遣社員などの旧来の働き方に対しては所属企業から福利厚生が提供され

るものの，フリーランスやギグワーカーについては同様の制度がないことが大きな課題となっている。

③　**社会的な価値観の変化**

ながらく企業やその活動に対する社会的期待値は，提供商品・サービスを踏まえた収益性などの財務的な指標に重きが置かれていた。しかし近年，従業員の「Well-being」（健康・生活・キャリアなどにおける良好な状態）や環境問題解決への寄与など，非財務的な指標の重要性が増している。社会全体に対し，自社の専門領域などで社会の一員として責任を果たすことが企業に求められている。特定組織への帰属意識の希薄化も相まって，社会的な責任を果たせない企業は従業員をつなぎ止めたり採用したりすることが難しくなっている。

④　**テクノロジーの進化**

近年の世界的なデジタル技術の進展を通じ，人々の生活を豊かにする商品・サービスの選択肢が拡大するとともに，個々人の個別ニーズへの迅速な対応が必要となっている。こうした動きを受け，異業種連携が活発化している。また，スタートアップを含むテクノロジー企業などの新規参入などを通じ，業界構造も変わりつつある。AI技術の発達・浸透による企業活動などの自動化・効率化を通じ，人の就く仕事の内容も大きな影響を受けるかもしれない。

これらの環境変化を受けて，金融やその周辺事業の果たすべき役割は大きく拡大すると考えられる。社会の個々人の目線に立ったとき，長期的な予測の立てにくい環境は様々な生活上の不安をもたらすだろう。同時に，手段の多彩化を通じて自身の人生・生活のあり方を自ら設計することができるようになり，自己実現に向けたニーズも高まると予想される。生活上の不安と自己実現に向けたニーズの双方を満たしていけるような商品・サービスの提供が求められていく。また，各業界の企業の目線に立ったとき，人材獲得競争の激化が予想される。こうした競争に勝ち抜く上で給与水準とともに一層重要になってくるのが福利厚生制度だ。従業員の直近のニーズを精確に把握しつつ，そのニーズに対応した雇用環境を提供できる企業が，安定的な人材の確保を通じ，持続的に

成長していく世界になるだろう。個々人・企業を含む，社会のあらゆるステークホルダーに対し関わりを持ちながら，その時々のニーズに対して，安心をもたらしていく動き方が金融企業に求められている。

（2）コミュニティ形成に鑑みた新規事業機会

　金融企業が社会全体との関与を深めつつ自社の役割を果たしていく上で，特にポイントとなってくるのが「コミュニティ」との関わり方である。金融企業が現在有している社会的なステークホルダーとの接点に加え，一層広く将来を見据えたつながりを提供してくれるのが，共通のテーマや場を通じた人々の輪であるコミュニティだ（**図表 1 -23**）。

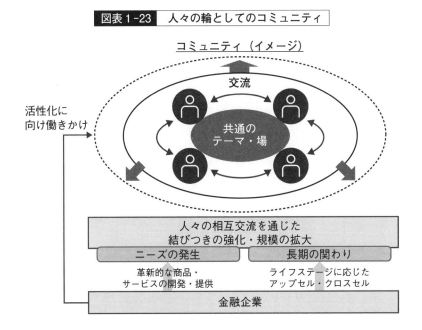

図表 1 -23　人々の輪としてのコミュニティ

　コミュニティは共通の属性を持つ人々の集合体に留まらず，動的に進化していく。共通のテーマ（属性・価値観・取組みなど）や場（リアルの集会所や

バーチャル空間など）を中心に集った人々同士が，相互のコミュニケーション・交流を通じ，時間とともに結びつきを強めていくのがコミュニティである。金融企業が社会全体に安心を届けていく上で，こうしたコミュニティと継続的に関わりを持ち，自社のビジネスにつなげていくことは極めて重要だ。

　コミュニティの進化の過程においては多くの新しいニーズが顕在化していくだろう。このようなアンメット・ニーズの変遷を的確に把握することで，金融企業としては革新的な商品・サービスの開発・提供を行うことが可能となる。求心力が強く多くの人々が集まるコミュニティは時間とともに一層求心力を強めていくだろうから，進化をしながら持続する。こうしたコミュニティと付き合う企業は，参加する個々人とも長期的な接点を持つことができ，各ライフステージにおける価値提供の機会を得ることになる。

　コミュニティは社会の様々な変化を起点に形成される。働き方の変化によって生じるものもあれば，政府・自治体の施策によって活発化するものもある。テクノロジーの進展によって広がるもの，生活の変化に起因するものもある。デジタル化を通じ人々が空間や時間の制約なく交流できるようになったこともあり，新たなコミュニティが生まれやすくなっている。

　社会の潮流を踏まえたとき，特に次の切り口を中心にコミュニティが拡大していく可能性がある（**図表 1 -24**）。

図表1-24　新たなコミュニティの創出

働き方の変化に影響を受けるもの	フリーランス・ギグワーカー	生活の変化（会員制の場所・サービス利用の活発化）によって増加するもの	金融業界と関連性の強いもの
			ワーキングスペース等
	DAO（分散型自律組織）		民間ライブラリー
	大企業		カフェ・クラブ等
	中小企業		ジム・フィットネスクラブ
	スタートアップ・投資家	生活の変化（会員制のサービス利用等の活発化）によって増加するもの	アプリ等プラットフォーム
	政府・自治体/NPO/NGO等		生涯学習・リカレント教育等
	個人事業主・FC等		クレジットカード・電子マネー会員
	企業等OB・卒業生		EC会員・ポイントカード
外国人対象の施策によって影響を受けるもの	外国人 駐在員		携帯キャリア
	外国人 訪日客		家電等量販店ユーザ
地域活性化等の施策によって活発化するもの	地域（スマートシティ等）		新聞・雑誌・メルマガ購読者
	団地・マンション等	生活の変化（趣味・社会活動等の活発化）によって増加するもの	ソーシャル・アクティビズム
	ビジネス特区等		ファンクラブ等
	特定施設（駅・公園等）利用者		喫煙者
テクノロジーの進展によって活発化するもの	メタバース		各種趣味サークル
	生活SNS		文化施設・美術館等会員
	ビジネスSNS		子育て・PTA活動
	オンラインサロン等		学習塾・英会話教室等

① フリーランス・ギグワーカー

　個々人の都合・状況を踏まえた柔軟な働き方は今後も浸透していくだろう。高いスキルを持つデジタルクリエイターやフリーランスの括りで支援・情報共有団体（デジタルクリエイター協会，フリーランス協会）が組成されるなど，全国的に人々がつながり，大きなコミュニティが生まれつつある。

② DAO

　ブロックチェーン上で誰もが参加でき，ガバナンストークンの保有を通じ投票・意思決定に関与できる新たな組織としてDAOが注目を集めている。企業のような中央集権的な組織の一員としてではなく，プロジェクトベースでの勤

務を通じ，個々人が関心のある仕事に直接的に関与する。若年層の活躍の場が広がる一方で，法整備などで不確定な要素も大きい。

③　外国人駐在員

　グローバルな視点を通じたビジネスの活性化や技術の進展などの視点から，高いスキルを有する外国人人材の就労環境の整備が東京都など全国の都市部を中心に行われている。他の先進国との給与ギャップなど課題も多いが，魅力的な環境づくり・福利厚生制度の実現を通じ，駐在員コミュニティが一層拡大する可能性がある。

④　地方創成

　トヨタのウーブン・シティ（愛知県）など，サステナビリティを主軸とした街づくりが全国で進行している。また，各地域の労働人口の維持も視野に，若年層などの誘致に取り組んでいる自治体も多く，こうした移住者を中心にコミュニティが形成されつつある。住み続けてもらうための特典として，充実した福利厚生などの提供も想定しうる。

⑤　メタバース

　テクノロジーの進展によって活発化するコミュニティの代表例がメタバースである。日本においても「クラスター」などすでにスマートフォンやPCで即時接続可能なメタバースが展開されている。幅広いテーマで構築され，誰でも参加できる多数のマップがユーザーによって提供されており，ユーザー同士の交流を通じ多様なコミュニティが形成されている。こうした空間での経済活動も今後活発化していくだろう。

⑥　ワーキングスペースなど

　コロナ禍の影響でリモートワークが推進された結果，自社オフィスでも自宅でもない，第三の場としてのワーキングスペースが都市部を中心に増えている。自由な働き方の一環として，コロナ禍の終息後もリモートワークとともに定着化するだろう。こうしたスペースがセミナーなどの企画を通じ利用者同士の親

睦を図ることで，コミュニティ組成の起点となる。

⑦　アプリなどのプラットフォーム

　交流アプリ（インスタグラムなど）や健康維持アプリなどを軸に多様なコミュニティが形成される。特に注目を集めているのが「Ed Tech」と称される学習アプリだ。政府による「デジタル人材育成プラットフォーム」を通じたデジタル学習・リカレント教育の推進も追い風に，アプリ企業・履修者・教育機関など幅広いステークホルダーの関与するコミュニティが形成されつつある。

⑧　ポイント経済圏など

　EC・通信会社を中心にすでに数千万人規模のアクティブ・ユーザー数を持つポイント経済圏が形成されている。経済圏のユーザー同士のつながりをテーマ軸などで促進することで，求心力のあるコミュニティが組成される可能性がある。

⑨　ソーシャル・アクティビズム

　世界中で地球環境や生物多様性への意識が高まる中，日々の生活においてこれらに配慮し行動をする購買者・事業者が増えており，強固なコミュニティを形成しつつある。

（3）事業化に向けた要諦と「ニュー・コミュニティ・ビジネス」の可能性

　こうしたコミュニティと関与を深め，人々のニーズに新規事業を通じて応えていくには，どのような視点が必要だろうか？　筆者らは，次の3点が特に重要と考えている。

①　コミュニティに対する能動的な関与

　コミュニティが自ずと進化・成長していくのを受け身で待つのではなく，企業が自ら能動的にその発展を促進し「育てていく」ことで，当該コミュニティの動向を常に肌身で感じ取り，人々の深いニーズにいち早く対応した商品・

サービスの提供が可能となる。コミュニティの中核的なテーマや場における人々の交流を，明確なアジェンダ設定に基づくイベントやキャンペーンなどを通じプロデュースしていくことで，自社もコミュニティの中の欠かせない一員としての認知・信頼を獲得することができる。新しく生まれ広がっていくコミュニティと早期から接点を持ち，徐々に関与を深めていくことが肝要だ。

② パートナー連携を通じたコミュニティへのアクセス

コミュニティの多くには，人々が交流する場を提供し，支援を行う団体がある。例えば，フリーランスのコミュニティであれば，フリーランス協会やフリーランスと企業のマッチングを行う企業などがあるだろう。こうした団体や企業と互恵関係に基づくパートナーシップを組んだ上でコミュニティと関係性を構築していくことが重要だ。コミュニティの1つのハブでもある，こうしたパートナーとの関係も通じ，規制的な観点も含め金融企業としてできること・できないことを見極めることが求められる。

③ デジタルを通じた示唆の蓄積

コミュニティは人々の動的な集まりであるから，事業性のあるニーズを発掘していく上でも購買行動などのデータの蓄積・分析を継続的に行っていく必要があるだろう。自社の商品・サービスにつながっていくコミュニティの括りを見極めていく上でも有用である。コミュニティの最前線の動きや将来的な見通しに関する独自の示唆を積み重ねることができれば，それらの示唆の他社への販売も含め，新たな事業の可能性が見えてくる。

こうした視点も足掛かりに，短期的・中長期的な双方の時間軸で新規事業を検討することが大事である。短期的には，即座に大きな収益を得ることを狙うのではなく，まずは対象とするコミュニティとつながった上で，関係性を深めることに主眼を置きたい。狙いを定めたコミュニティと接点を持ち，既存の規制や商品・サービスの枠内でクイックに検討を行う必要がある。既存でカバーできていない顧客層をいかにコミュニティとして捉え，これらの顧客層と接点を持つ他企業とのパートナーシップなどを通じ関与できるかがポイントとなる。

中長期的にはこうしたパートナー企業とも連携しつつ，前述のとおりコミュ

ニティに自ら働きかけて，その拡大を加速化したい。コミュニティの構成員との継続的なコミュニケーションを通じて理解を深めることで，当該コミュニティの抱える具体的なニーズを把握する。様々な方面からデータを取得・分析し，真に喜ばれる商品やサービスを設計することで，アップセルやクロスセルも狙っていく。データを蓄積し示唆を深めることで，金融以外の事業機会も見えてくるだろう。今から考え始めることが重要だ。

　このように「ニュー・コミュニティ・ビジネス」はこれまでにないビジネスモデル創造の起点として大きな可能性を秘めている。少子高齢化など「課題先進国」である日本においていち早く有望なコミュニティの見極めとビジネスモデルの創出を行うことで，海外への同モデルの展開など，さらなる価値提供・事業機会の獲得も視野に入ってくるだろう。

第6節 生成AIによる社会革新

　人間の脳のメカニズムを模したアルゴリズム「ディープラーニング」が2006年に登場して以降，AIの研究および社会実装が急速に進展してきたことは周知の事実である。2012年にGoogleが発表した論文においてAIが猫を認識したと発表されたことや，2016年に囲碁AIのAlphaGoが人間のプロ囲碁棋士を相手に勝利したこと等は21世紀のAIの進展を語る上で欠かせない金字塔となっている。一方で，これまでのAIはその利用の場面において専門的知見を必要とする「専門家の道具」の側面が強かったことは否めない。ところが2022年に入り，平易な文書による入力をもとに高度な画像や文書等を生成する生成AIが台頭し始めた。入力したテキストから想起される画像を生成する「Midjourney」「Stable Diffusion」「DALL-E2」や，自然な会話文書による指示をもとに多岐にわたる文書生成が可能な「ChatGPT」「Bard」等である。これらの生成AIの特筆すべき特徴として「専門的なプログラミング知識を必要とせず，人間の言葉によってAIに指示を出せること」「AIが出力する結果が人間と同等かそれ以上の品質であること」等が挙げられる。これまでのAIの進展と比較して近年の生成AIの進化は特に著しく，2023年3月時点においてAIは司法試験に合格するほどの知的・言語的振舞いを実現しており，AIが人間の知性を超える特異点，いわゆる「シンギュラリティ」の到来も現実味を帯び始めている。

（1）生成AIが金融業界にもたらす影響

　この生成AIによる革新的な技術発展を絶好の機会と捉え迅速な事業展開を見せているのがIT業界の雄GAFAMの一角を成す米マイクロソフトである。ChatGPTの開発を担う米OpenAI社に巨額の投資を決定し，Word, Excel, PowerPoint, Outlook, Teams等を始めとするあらゆるOffice製品へChatGPTを搭載することを発表した。情報化社会における最大のビジネスインフラとでもいうべきマイクロソフトの製品群へChatGPTが搭載されることにより，オフィ

スワーク全般へChatGPTの利用が浸透・普及することはほぼ確実と想定される。

　現状，米大手金融機関を始めとしてChatGPTの業務利用に制限を設ける企業も少なくないが，むしろ今後はChatGPTの利用を前提とした事業・ビジネスプロセスが当然のこととして現れ始め，抗うことのできない潮流となるのではないだろうか。AIの出力に誤りがありうることから，顧客へ向けたサービスへAIを直接活用することへの懸念は常に存在する。しかし生成AIの性能は目まぐるしいスピードで進化しており，近い将来あらゆる業務領域の事務的作業を生成AIが担い，人間は生成AIが実行した結果の妥当性の確認，および新たな価値創出に専念できるようになるだろう。いかに生成AIを有効に活用できるかが組織の生産性，ひいては企業の競争力を高める重要ドライバーとなりうる。特に金融業界は伝統的に事務作業割合の多い業界として知られており，生成AIがその部分の業務を担うことによるビジネスへの影響度は大きいといえる。加えて，既存業務の制約が少ない新規参入者にとって生成AIはビジネスをスケールする圧倒的なEmpowermentツールとなり，新たなFintech企業およびDAOコミュニティの台頭がますます活性化する可能性がある。

　このように生成AIは既存の金融事業者の新たな価値創出を強力に支援するイネーブラーであると同時に，新たな新規参入者のスケールを容易にすることで競争環境に劇的な変化を起こす触媒となる可能性がある。生成AIを有効に活用できず新たな価値創出競争（協創）へとシフトできない既存企業は瞬く間に淘汰されかねないリスクに直面しているともいえよう（**図表1-25**）。

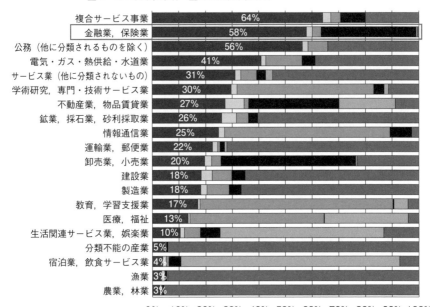

図表1-25　産業別 職業従事者割合

■事務従事者　□管理的職業従事者　■専門的・技術的職業従事者　■販売従事者
□サービス職業従事者　■その他職業従事者

産業	割合
複合サービス事業	64%
金融業，保険業	58%
公務（他に分類されるものを除く）	56%
電気・ガス・熱供給・水道業	41%
サービス業（他に分類されないもの）	31%
学術研究，専門・技術サービス業	30%
不動産業，物品賃貸業	27%
鉱業，採石業，砂利採取業	26%
情報通信業	25%
運輸業，郵便業	22%
卸売業，小売業	20%
建設業	18%
製造業	18%
教育，学習支援業	17%
医療，福祉	13%
生活関連サービス業，娯楽業	10%
分類不能の産業	5%
宿泊業，飲食サービス業	4%
漁業	3%
農業，林業	3%

0%　10%　20%　30%　40%　50%　60%　70%　80%　90%　100%

出所：総務省統計局「令和2年国勢調査結果」（https://www.stat.go.jp/data/kokusei/2020/kekka.html）を加工して作成

（2）生成AIによる金融オペレーションの進化

　生成AIが金融業界に与える影響，および金融業界の将来像についてより具体的な活用ケースとともに考察してみたい。

　先に述べたとおり，金融・保険業は，事務量が非常に大きい業種であることを踏まえると，商品開発，マーケティング，営業，業務・システム運用（契約・取引，モニタリング等），アフターフォローのあり方を大きく変える可能性がある。

① 商品開発
　まず，商品開発においては，マーケット動向を把握するための市場調査業務

の効率化が進むと想定される。現在は，人手をかけて，様々な外部のデータソースから情報を集め，加工・分析し，取りまとめる必要がある。情報収集ひとつとっても，外部の専門データ以外は，Googleなどの検索結果に表示された数多くのソースの中から，必要な情報がどれであるかを1つひとつ内容を確認しながら精査する必要があり，非常に骨が折れる作業だ。今後は，ChatGPTに対して，特定業界や消費者などの動向について質問を投げかけることで，クイックに概観を押さえることが可能となるだろう。情報収集〜加工・分析〜取りまとめの一連のプロセスを一瞬で代行してくれるイメージだ。もちろん，商品設計に向けては，さらなる深掘りや検証が必要となるが，どの領域に，どのような価値を訴求できる商品が求められているかの趨勢を見極めるフェーズにおいては，効率化の効果が大いに期待できそうだ。

②　マーケティング

　マーケティングにおいては，マス広告やデジタルマーケティングの制作業務を自動化するなど，広告代理店機能の一部内製化が進むと考えられる。TVCM，OOH（屋外広告），YouTube等のインストリーム動画や，バナー画像などの制作において，広告代理店のクリエイティブチームが担ってきた企画，コピーライティング，グラフィックデザインが生成AIにより自動化される可能性がある。言語化やイメージ画像入手の難易度はあるものの，金融サービサー自らが生成AIを用いて，広告クリエイティブのドラフトを作れるようになることも想像に難くない。また，金融DXの潮流において，個人向けアプリや法人向けポータルサイトなど顧客接点がデジタル化する中，ターゲット顧客に即した広告クリエイティブやコンテンツの出し分けに加え，顧客の反応を踏まえながら最適化していくことが求められるようになった。金融サービサー自身が有するファーストパーティーデータを生成AIのインプットとして投入することができるようになれば，オウンドメディアにおける広告クリエイティブやコンテンツを自動生成し，顧客反応を踏まえて，臨機応変に自動で最適化する世界が開ける可能性がある。

③ 営　　業

　営業においては，営業提案書や日報ドラフトの自動生成など事務作業からの解放による顧客向き合い時間の増大を始めとした付加価値業務へのシフトや，トークスクリプトの自動生成などを通じたNBA（Next Best Action）高度化による営業スキルの平準化を後押しすると考えられる。法人営業であれば，取引先の業界動向や関連ニュースを押さえ，経営者自身が気づいていないものも含め，足元・中長期的な経営課題を把握することが欠かせない。ローテーション人事によって，同じ法人営業担当のままであったとしても，担当業界や地域が変わることが往々にしてあり，前任者からの引継ぎや自力での調査を通じたキャッチアップは非効率さをはらんでおり，顧客にしわ寄せがいくこともあるだろう。このようなケースにおいても，商品開発で述べたようなChatGPTの活用方法によって，Day0から一定の品質で取引先に対峙できるようになることが期待できる。リレーショナル・バンキングや証券・保険販売を中心にFD（フィデューシャリー・デューティー）の理念が叫ばれて久しいが，個々人の知識・スキルの差や，事務作業に忙殺されて時間を捻出できない状況が障壁となり，理想と現実のギャップが埋まらない事態に陥りがちであったが，根深い課題を解消する１つの切り札となる可能性を秘めている。

④ 業務・システム運用

　業務・システム運用においては，事務作業の効率化もあるが，システム開発プロセスの大幅な刷新が考えられる。例えば，取引先への融資実行判断に必要な稟議書や，業務運用モニタリングで使用される報告書を自動生成するなど，手間暇かかる事務作業が抜本的に効率化される余地がある。また，システム開発・運用においては，システムの制約がビジネスの限界になりがちな金融ビジネスにおいて，ChatGPTがもたらすノーコード革命・プログラミングの民主化により，現状を打開する一手となりうるだろう。現在は，要件定義から開発・テストまで一連の流れをシステム開発ベンダーに頼らなければならない状況だが，ChatGPTによってプログラムコードやテストデータなどの自動生成が可能となるため，システム開発工程の多くが自動化される可能性がある。テキストや画像の仕様書を読み込ませるか，作りたいものを日常言語で指示すれ

ば，プログラムが自動生成され，実行可能なシステムの初版が即座にでき上がる。テストデータもChatGPTで自動生成し，エラーが発生した場合は対処方法も指南してもらえる。基幹システムへの応用には乗り越えるべきハードルがあると思われるが，アジャイル開発が適用できるシーンにおいては，システムベンダーのリソース制約に縛られず，コーディングの知識がなくとも行員自らがChatGPTを用いてシステムを開発し，ユーザーフィードバックを踏まえて，臨機応変に機能改善していくことも可能となるだろう。

⑤　アフターフォロー

　アフターフォローにおいては，コンタクトセンターやインサイドセールスに関わるオペレーター業務の効率化・高度化，問い合わせにおける顧客体験の刷新が進むと考えられる。現在でも，COVID-19を契機に，コンタクトセンターのチャットボットやボイスボット（音声AI）による問い合わせ対応サービスの普及が急速に進んでいる。いずれもテキストか音声を通じて24時間365日，あたかもリアルな人間とやり取りしているような体験を通じて，問題解決できる価値を顧客に提供できる点が特徴であるが，あらかじめ設計した対話シナリオに沿った応答に限定される点が課題だ。ChatGPTを用いれば，過去の応対履歴をもとに，対話シナリオそのものも自動生成できるようになるかもしれず，さらなる業務効率化や応対の品質向上，顧客体験の刷新につながる可能性がある。

　ただし，精度の課題があるため，顧客に誤った回答をすることで甚大な影響を及ぼしかねない金融サービスにおいては，対外サービスとして使用するには慎重な判断を要する。人海戦術で回答精度の向上を図る手法もあるが，システム開発のパートで述べたテストデータの自動生成やエラー検出の自動化などの手法と組み合わせることで，対話シナリオの生成と回答精度の向上を自動化できる道筋まで立てられることができれば，金融でも広く活用される可能性がある。対外的なサービスへの活用までいかずとも，オペレーターの顧客応対をサポートするためのトークスクリプト，応対履歴の記録や対処方法ガイダンスの自動作成など，事務の効率化と応対品質の向上を同時並行で推進することが可能となるだろう。

　イーロン・マスク氏などの世界的な権威が公開書簡に署名し，社会と人類に重大なリスクをもたらす可能性があるという理由で，GPT-4より強力なAIをトレーニングする実験を一時停止するよう促す動きも出てきており，改めて，AIがもたらす影響は，人知を超えたものとなる可能性を感じさせられる。正と負の両側面を構造的に抱えるテクノロジーであるため，社会に有用な価値をもたらすものとして発展させるために，まだまだ技術的にも，倫理的にも取り組まなければならないことは多い。いずれにせよ，われわれの仕事を奪うものではなく，より付加価値の高い仕事をこなすための補助的なツールと位置付け，いかに使いこなすかの視点を持つことが重要となるだろう。

　これまで述べてきたとおり，生成AIは金融業界の幅広い業務領域への活用が見込まれる。加えて，金融業界に特有の専門的知見・用語の理解が必要とされる領域において，汎用型生成AIの処理精度を超える特化型生成AIの開発例も出現し始めており，注目に値する。2023年3月末，米Bloomberg社は米ジョンズホプキンス大学との共同研究により，金融業界特化型生成AIである「BloombergGPT」の開発に関する論文を発表した。本論文において，Web上に公開されている一般的な文書データに加えBloomberg社が保有する過去40年以上にわたる金融業界の専門文書を学習データとして活用することで，企業株価に関する質問等の金融業界に固有の質問に対する回答精度が高い生成AIの開発に成功したことが報告されている。今後，本事例のような業界・業種へ特化した生成AIの開発スキームが一般に普及すれば，特化型生成AI市場が勃興する可能性もある。データホルダーおよびAIプレイヤーにとって，どのようなステークホルダーとエコシステムを構築するかが特化型生成AI市場で主導権を握る鍵となる。金融プレイヤーにとって，自ら積極的にエコシステムを構成し特化型生成AIの開発を主導するといった選択肢も今後ますます重要になるであろう。

第 2 章

銀行・証券業界の目指す方向性

　第1章で述べたように，金融領域に多大なインパクトを及ぼしうる5つの重要ドライバーが銀行・証券ビジネスにも大きな影響を与えることは，想像に難くない。そのような環境下で，どのように銀行・証券ビジネスが変容していくのか，について記載した。

　本章においては，銀行・証券ビジネスを，「リテールバンキング」，「ウェルスマネジメント」，「コマーシャルバンキング」，「インベストメントバンキング」の4つの事業領域に分解し，2035年の各事業領域の将来像・金融機関が向かう方向性について考察している。

　それぞれの事業領域については，本書では以下のように定義している。

- リテールバンキング：住宅ローン，カードローン等の個人向けファイナンスビジネス
- ウェルスマネジメント：個人の中でも多くの資産を保有する層に対するビジネス
- コマーシャルバンキング：法人向け預金・為替・融資サービスを軸としたビジネス
- インベストメントバンキング：資金調達や企業買収の支援等を軸とした大企業向けのビジネスと市場部門に関するビジネス

　2035年の各事業領域の将来像・金融機関が向かう方向性については，各事業領域に対して，以下の3つの観点で考察する。

- 2035年に想定されるシナリオ：事業環境がどのように変化していくか（ベースシナリオと激変シナリオの2つに分けて検討）
- 金融機関の取るべき方向性：上記の2つのシナリオにおいて金融機関はどのようなポジショニングを取るべきか
- 金融機関が取るべき打ち手：上記のポジショニングを実現するには，どのような施策を打つべきか

第1節 銀行・証券ビジネス全体を取り巻く外部環境の変化

　本節では，10年後の銀行ビジネス全体を取り巻く外部環境の変化と当該ビジネスに影響を与えうる要因について，PEST（政治・経済・社会・技術）の観点から考察する。

　まず，10年以内に意識すべき重要因子について，各事業への影響を踏まえつつ，図表2-1のように9つの大分類に整理する。因子によっては複数の事業領域に対して影響が見込まれるものもあり，事業横断で連携を取りながら対応

図表2-1　銀行・証券ビジネスの外部環境に影響を与える因子

	10年以内に意識すべき「重要因子」		リテールバンキング	ウェルスマネジメント	コマーシャルバンキング	インベストメントバンキング
	大分類	中分類				
政治	1 金利の上昇	長期金利・短期金利の上昇	✓		✓	
	2 規制の見直し（ファイアーウォール，他事業禁止，顧客保護規制等）	BNPLに係る規制の強化	✓			
		商品適合性の原則に係る規制の強化		✓		
		ファイアーウォール規制の緩和・撤廃		✓		✓
		銀行ビジネスの法規制緩和			✓	
経済	3 国内市場の変化	実質所得の減少	✓			
		物価の上昇	✓			
		地方経済の低迷			✓	
		国内マーケットの成長				✓
		資金の海外流出の加速				✓
	4 既存ビジネスの終焉	国内商品の運用成績不芳		✓		
		投資利益への課税撤廃		✓		
		国内商品の売買手数料低下		✓		
社会	5 顧客層の変化	少子高齢化による市場全体の縮小	✓		✓	✓
		高齢者の保有資産増加		✓		
		アッパーマス層の投資意欲増加		✓		
		顧客ターゲットの拡大		✓		
		働き方の多様化・共働き世帯の増加		✓		✓
	6 顧客需要の多様化	デジタル受容度の向上	✓			
		購入動機の変容	✓			
		サービス需要の高度化			✓	
	7 既存ビジネスの再構築	顧客接点の変化・対面業務の集約			✓	
		サステナビリティ対応の不可避			✓	
		異業種による金融機能の浸食		✓		
技術	8 新たな技術の普及と導入	メタバースの普及	✓			
		データ連携のオープン化	✓			
	9 提供商品・サービスの高度化	パーソナライズの高度化	✓			
		データ活用・AI・NLPの高度化			✓	✓
		オンラインプラットフォームの普及			✓	

していく必要があるといえる。

　次に，これらの各重要因子の大分類ごとに，具体的な未来像を掘り下げてみる。

（1）Politics（政治）

　政治の観点では，顧客保護が強化されることが予想されるものの，銀行の事業範囲拡大を後押しする規制の見直しや，日銀による金融緩和政策が正常化する可能性により，長期金利・短期金利ともに上昇することで利ざやの改善が期待される等，銀行業界にとっては前向きな要因も見込まれる。

① 　金利については，これまで長期間にわたり継続されてきた日銀の大規模な金融緩和政策が正常化に向かい，長期金利・短期金利ともに上昇が予想される。

② 　規制の見直しについては，銀行ビジネスの観点では銀証連携におけるファイアーウォール規制が緩和ないしは撤廃，業務範囲や出資の制限を見直すことで従来のビジネスモデルの変革を促すような動きがあり，顧客向けでは商品販売時の説明や販売責任を強化・整備していく方向が見込まれる。

（2）Economy（経済）

　経済の観点では，海外市場のプレゼンス向上に伴う国内市場や商品の変化，地域経済の低迷等も見込まれ，銀行業界はより一層これまでのビジネスモデルの終焉を意識せざるを得ない方向へと向かう。

① 　国内市場は，一定の緩やかな成長が見込まれるものの，地政学リスクによる物価の上昇，経済の悪化による所得減少，地域経済のさらなる縮小等と海外市場の魅力上昇に伴い，海外への資金流出が加速されることも想定される。

② 　既存の銀行ビジネスにおいては，投資・売買利益への課税が撤廃されることにより，個人投資家の増加と投資意欲が高まることが前向きな因子と

して見込まれるが，日本国債等取扱商品のパフォーマンスが海外商品と比べて見劣りすることや，自動取引等の普及により売買手数料が低下していくことも懸念される。

（3）Society（社会）

社会の観点では，国内の少子高齢化や生産人口の減少を背景にニーズの多様化が加速することが予想され，銀行ビジネスはこれまでの顧客層やサービスに固執することなく社会動向を捉えた可及的速やかな対策を講じることが求められる。

① 顧客層の変化においては，生産年齢人口の減少と少子高齢化の深刻化や働き方の多様化により市場が変容していくとともに，若年層への資産継承や政府の後押しによって高齢者の資産保有規模が増加していくことも見込まれる。

② 顧客需要は多様化が進み，個人顧客はこれまで対面でのサービスを志向していた世代からネット上で最適な商品を選択する世代へと移り変わることで，よりスピーディーで簡便なサービスの志向が高まり，法人顧客は従来の資金需要からより事業内容に寄り添ったソリューションや提案を求める傾向が主流となる。

③ 既存ビジネスの再構築については，異業種の金融事業への参入によりあらゆる金融手続がネット上で完結できるようになることや，従来の金融機関はプラットフォーマー等との連携により顧客との接点を失っていくことを背景に，マルチステークホルダーによる協業や社会課題への取組みに期待が増す。

（4）Technology（技術）

技術の観点においては，顧客にとってより簡便でスピーディーなサービス提供を実現するAI（人工知能），NLP（自然言語処理），データ活用等の技術要素の普及が見込まれ，これらを積極的に取り入れていくことが必要となる。

① 新たな技術の普及と導入については，あらゆるデータがより自由に取得・連携できるようになり，様々な世代がメタバース上で過ごす時間が長くなることで，顧客の利用履歴や外部データ，金融・非金融サービスを組み合わせた商品の検討が進む。

② 提供商品・サービスについては，生成 AIやデータ利活用，プラットフォーム化等のデジタル技術を駆使することで，銀行は業務効率化・自動化を加速しオペレーションコストを抑えながら，より高度な顧客体験を提供できる可能性が高まる。

こうした外部環境の変化を踏まえると，銀行業界の各事業はどのように変わっていくのであろうか。次節以降では，事業ごとに現在の事業環境の延長線上となるベースシナリオと，環境変化が著しい場合の激変シナリオを描き，各事業の将来像と講じるべき打ち手について考察していく。

第2節　リテールバンキングビジネスの今後

（1）イントロダクション

　本節では，リテールバンキングビジネス（住宅ローン，カードローン等の個人向けファイナンス）に焦点を当て，10年後の外部環境の変化により発生しうる複数のシナリオを描き，金融機関の取るべき方向性や打ち手を論じる。

　まずは，現在のリテールバンキングビジネスの置かれている環境を振り返りたい。金融機関が取り扱う事業は，大規模緩和の長期継続や非金融事業者の相次ぐ参入により熾烈な競争を強いられているが，リテールバンキングもその例外ではない。低金利環境下でありながらも，法人向けファイナンスと比べて金利収入が見込める事業である点から，メルカリやPayPay等の大規模な顧客基盤を持つ非金融事業者の参入が相次いでいる。また，COVID-19やウクライナ情勢等を起因とする経済環境の悪化が急速に進んでいる一方で，生成 AIによる技術革新が始まりつつある。

　ここで留意いただきたい点は，COVID-19，ウクライナ情勢，生成AIのいずれもここ数年で発生した変化という点である。10年前はおろか，5年前でさえ，このような急激な変化を予想できていた金融機関関係者は極僅かではないだろうか。ここから10年先においても未来予測は難しいものの，現在発生している外部環境の変化から事業へ影響度の大きいドライバーを見極め，今後発生しうるシナリオを描き，金融機関の取るべき方向性や自社のセグメントを踏まえた適切な対策を打つことで，激的な環境の変化を収益機会としうる力を獲得することが可能となる。

（2）想定されるシナリオ

　10年後のリテールバンキングビジネスを考えるにあたり，当該ビジネスに影響を与える環境変化の要因を考察する。

① 外部環境の変化

　現在発生している外部環境の変化をベースとした場合，政治・経済・社会・技術の各領域で様々な変化が発生しうるが，これらの中でリテールバンキングビジネスにとってシナリオを分岐しうるドライバーは，「顧客接点の変化」および「商品選択プロセス」であると考える。現在の個人向け金融ビジネスにおいても，PayPayや楽天等のプラットフォーマーによるポイント経済圏による囲い込みやエンベデッドファイナンスの増加により，消費者は既存の金融機関と接する機会が失われつつある。また，金融取引のボリュームゾーンに当たる世代が，これまでは安全性や関係性から対面チャネルにおける金融取引を嗜好していた世代から，ネット上で自身にとって最適な条件のサービスを選択する世代に移り変わりつつあるため，金利や手数料の低いサービスを提供する金融機関が存在感を増している。

② ベースシナリオ

　ベースシナリオにおける世界観は，現在の延長戦上に存在するため，外部環境および金融機関のビジネスモデル自体に大きな変化はないが，ファイナンス領域ではデジタルを中心としたサービス高度化が進み，現在に比べてファイナンス手法が多少増加し，申込手続等が簡易化する等の進展があると思われる。シナリオの分岐点である「顧客接点の変化」としては，PayPayや楽天などのプラットフォーマー，新興BNPL，既存の金融機関が併存し，「商品選択プロセス」も現在と大きく変わらないだろう。外部環境としては，政治・経済・社会面では地政学リスクや人口減少等により経済環境は現在に比べて悪化するものの，ファイナンスニーズ自体は根強いため，新規参入プレイヤーはさらに増加すると想定される。技術面では，顧客接点を持つプレイヤーが一掃されるような技術革新は起きず，昨今注目されている生成AIも意思決定をすべて任せられるほどの進化には至らない。ただし，ビジネスモデル自体が変わるような変化は起きずとも日々の技術の進化により，顧客体験の要求水準は現在と比べて高くなる点に留意が必要である（**図表2-2**）。

図表2-2　リテールバンキングビジネスの外部環境に影響を与える因子（ベースシナリオ）

10年以内に意識すべき「重要因子」

大分類		詳細	不確実性
政治	1 金利の上昇	日銀の大規模な金融緩和政策が正常化に向かい，長期金利・短期金利が緩やかに上昇している	低
	2 規制の見直し	BNPL（Buy Now Pay Later）における支払不能の増加を背景に，規制が強化される	低
経済	3 国内市場の変化	経済環境がさらに悪化し，実質所得の減少が続く	低
		地政学リスクが悪化し，物価が上昇する	低
社会	5 顧客層の変化	生産年齢人口の減少と少子高齢化が深刻化し，市場全体が縮小する	低
	6 顧客需要の多様化	世代交代に伴い，デジタル受容度が向上する	低
		Z世代を中心にコストパフォーマンスに加え，タイムパフォーマンスが購入動機の強い要因となる	低
	7 既存ビジネスの再構築	あらゆるサービスの提供がネット上で完結し，利用窓口や顧客接点の集約が進む	高
技術	8 新たな技術の普及と導入	様々な世代が1日の多くの時間をメタバース上で過ごすようになる	低
		あらゆるデータの取得・オープン化が一般化する	低
	9 提供商品・サービスの高度化	生成AIの精度向上によるパーソナライズの高度化に伴い，消費者の商品選択の過程にAIが一定程度介在するようになる	高

③　激変シナリオ

　激変シナリオにおける世界観は，金融の「半透明化」および「メーカー化」である。あらゆる金融機能が商品・サービスの購入プロセスに組み込まれる。また，消費者の属性や購買履歴，各金融サービスの諸条件をもとにAIが適切な金融商品を判断するため，消費者は利用する金融サービスの選択に多くの時間を使わないか，AIのレコメンドに応じて自動的に決定するようになる。「顧客接点の変化」としては，非対面・対面いずれの取引においてもエンベデッドファイナンスが進んでいるため，金融機関は顧客との直接的な接点を喪失している。また，「商品選択プロセス」としては，消費者は意思決定をAIに委ねるようになるため，金融機関はAI向けのマーケティングが求められるようになる。外部環境としては，政治・経済面における変化はベースシナリオと大きく変わらないものの，社会面では，デジタル受容度の向上やタイムパフォーマンス志向化が急速に進んでおり，技術面では生成AI等のAIを搭載するサービスがさらなる技術革新を遂げていると想定される。消費者の動向としては，シームレスかつパーソナライズされた顧客体験が当然のものとなっているだろ

う（**図表2-3**）。

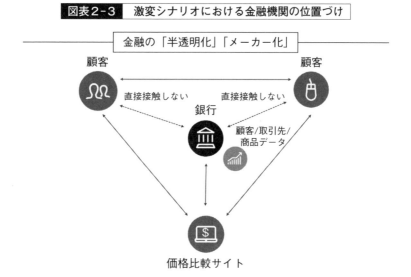

図表2-3　激変シナリオにおける金融機関の位置づけ

金融の「半透明化」「メーカー化」

顧客　　直接接触しない　　直接接触しない　　顧客

銀行

顧客/取引先/
商品データ

価格比較サイト

（3）金融機関が取るべき方向性

　これまでのシナリオの検討を踏まえ，各金融機関が取るべき方向性を検討する。激変シナリオは，ベースシナリオに比べて競争環境がさらに過酷な状態になるものであるため，ベースシナリオにおいて取るべき方向性は激変シナリオにおいても当然対応すべきものとなる。まずは，両シナリオにおいて共通的に対応すべき方向性を検討する。

① ベースシナリオ・激変シナリオ共通

　両シナリオにおいて共通的に必要な対応は，現在のビジネスモデルの「深化」である。激変シナリオほどではないが，消費者の要求水準は現在に比べて上がっているため，利用可能なデジタル技術を駆使し，顧客体験を高度化しつつ，オペレーションコストの削減を両立しなければならない。具体的な例としては，Webサービスやスマートフォンにて提供しているアプリにおいて可能

な限り金融・非金融サービスを搭載し，自社が提供するサービスをワンストップで利用可能とする。また，顧客の利用履歴や外部データを組み合わせ，デジタルマーケティングを重点的に実施する等の対応が考えられる。

②　激変シナリオのみ

激変シナリオにおいては，自社のポジションとして「プラットフォーマー」「メーカー」のいずれを目指すのかを選択しなければならない。「プラットフォーマー」は，金融機関自身が金融・非金融においても消費者の生活の中心となるようなサービスを提供するものである。イメージとして近いのはPay-Payや楽天のような姿であるが，大規模な投資が必要となるため，メガバンクやメガ地銀等の一定以上の規模の金融機関に限られるであろう。「メーカー」は，プラットフォーマーが提供するサービスにおいてファイナンス機能を提供する機能提供者となるものである。この場合は，ファイナンス機能において他者比で優位となるポジションを確立するため，特定の領域（中古車ローン等）や属性（若年層等）に特化する必要があるであろう（**図表2-4**）。

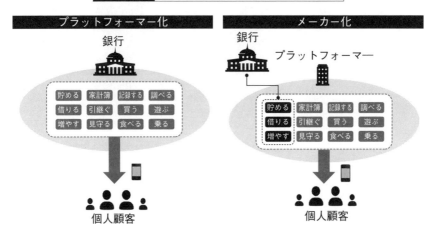

図表2-4　対応の方向性（激変シナリオのみ）

（4）金融機関が取るべき打ち手

　上記，金融機関が取るべき方向性を踏まえて，目先の打ち手を具体的に検討する。

①　ベースシナリオ・激変シナリオ共通

　ベースシナリオ・激変シナリオともに，消費者の高度化した要求水準に応えるため，ビジネスモデルの深化が必要と述べた。具体的な打ち手としては，「顧客体験および前提となる会社機能の再構築」である。まず，現在顧客に提供しているファイナンスを含めた自社サービスについて，オンライン・オフラインのいずれのチャネルにおいても適切な顧客体験となっているか再検討が必要である。この場合の適切さは他の金融機関のみ比較するのではなく，金融機関よりDXが進んでいる他産業も含めた比較ができるとよいだろう。顧客体験を再定義した後は，それを実現するために各サービスの提供チャネルでの提供方法をデジタルベースで見直し（特に金融機関においてはインターネットバンキングやスマートフォンアプリの見直しが必要），サービス提供の前提となる

図表2-5　金融機関が取るべき打ち手（ベースシナリオ・激変シナリオ共通）

①ビジネス
✓オンライン・オフラインのいずれのチャネルにおいても最適な顧客体験となっているか（特に，インターネットバンキング・スマートフォンアプリ）

　注力領域へリソースを投下

②オペレーション
✓業務プロセスがデジタル化され，最適な顧客体験を実現可能なものとなっているか

ビジネス・オペレーションを下支え

③IT	**④データ**	**⑤組織・人材**
✓顧客ニーズの変化に合わせて，新規サービスの展開や他サービスとの連携をQuickに実現可能なアーキテクチャとなっているか	✓オンライン・オフライン双方のチャネルで取得した顧客データを顧客体験の向上に活用できているか	✓顧客ニーズや他産業での動向を踏まえ，各チャネルにおける顧客体験の磨き込みが可能な人材が揃っているか

オペレーションやIT・データ基盤，組織・人事等の領域も含めたデジタル化を実施する（**図表2-5**）。

②　激変シナリオのみ

　激変シナリオにおいては，プラットフォーマーとメーカーのいずれを目指すのか選択するために，「10年後に目指すべきビジネスモデルの検討」および「足元の投資オプションの検討」をしなければならない。本章においては10年後の外部環境をベースにシナリオプランニングを行い，一般論として対応の方向性を検討してきたが，実際のところは各金融機関によって各ドライバーのインパクトや採用可能で効果のある打ち手は異なる。本論を契機に，改めて自社の置かれた環境をもとに自社向けのシナリオプランニングを実施していただきたい。また，10年後のビジネスモデルを検討した後は，足元でどのような投資をすべきか，ビジネスモデル切り替えの基準（いつ，何が起きたら切り替えにシフトするか）を明確にしておくべきである（**図表2-6**）。

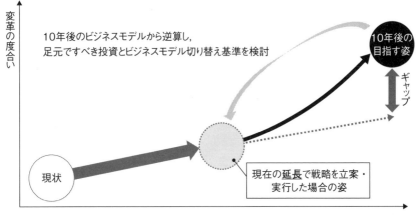

図表2-6　金融機関が取るべき打ち手（激変シナリオ）

*

　ここまでリテールバンキングビジネスを取り巻く環境変化をもとに，想定されるシナリオおよび金融機関が取るべき打ち手を考察してきたが，このようなアプローチをいかに適切なタイミングで実施できるかが劇的な環境変化に耐えられるか否かの分岐点になると筆者らは考えている。COVID-19や生成AIのように，たった1つの外部要因の発生によって市場環境は容易に一変するが，外部要因の発生を確実に予測することは困難である。今後もインパクトの大きい外部要因が登場するであろうが，そのインパクトの大きさを市場全体が認識する前からアンテナを張り巡らせ，変化の兆しを確実に捉えることができれば，激的な環境変化に耐えられるだけではなく，環境変化自体を機会とすることも可能である。

第3節 | ウェルスマネジメントビジネスの今後

（1）イントロダクション

　10年後の個人顧客向けウェルスマネジメントビジネスはどうなっているのだろうか。近年，個人の投資促進に向けた政策，テクノロジーの進化や社会情勢の変化に加え，価値観の多様化やライフスタイルの変化など，個人顧客向けのウェルスマネジメントビジネスを取り巻く環境は刻々と変化している。

　個人顧客の中でも保有する資産が多い層に対するビジネス（ウェルスマネジメントビジネス）は，新規参入者を含めた熾烈な戦いを強いられている（**図表2-7**参照）。リテールビジネスの中でも，眠っている日本の個人資産2,000兆円を数少ない収益獲得機会だと捉えている金融機関が多い。しかし，過去複数の金融機関の参入を見ても必ずしも思惑どおりになっておらず，事業環境，顧客動向や自社が置かれている環境に応じた最適なポジショニング・戦略策定が

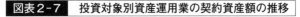

図表2-7　投資対象別資産運用業の契約資産額の推移

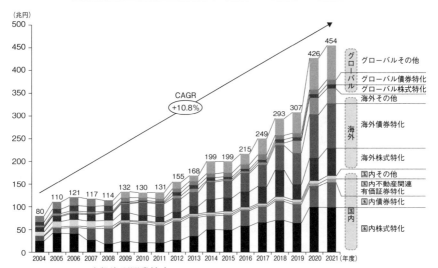

データソース：日本投資顧問業協会

必要である。

詳細は後述するが，現在の事業環境の延長線上となるベースシナリオでは，今後さらに増加する高齢者を中心とした富裕層には金融に加えて非金融領域も含めた人生のトータルサポートの実施，若年層を中心としたアッパーマス層には金融を軸としたデジタルによる効率的なサービス提供の実施が求められる。引き続きウェルスマネジメントビジネスの市場規模の見通しは明るいものの，競争は激化すると想定される。一方，激変シナリオである「生成AI技術による顧客へのアドバイスが進展する」「Web3による新たな投資の世界が市民権を得る」が実現した場合，ウェルスマネジメントビジネスを展開するプレイヤーに必要な競争優位性の要素に大きな変化が生じる可能性がある。

10年後の事業環境および想定されるベースシナリオ・激変シナリオを踏まえ，金融機関が取るべき打ち手およびウェルスマネジメントビジネスとして取りうる戦略オプションを考察する。

（2）想定されるシナリオ

10年後のウェルスマネジメントビジネスを考えるにあたり，当該ビジネスに影響を与えうる環境変化の要因を考察する。"外部環境の変化"を抽出した後に，実現する可能性が高い"ベースシナリオ"と，実現する可能性は低いがウェルスマネジメントビジネスに大きな影響を与えうる"激変シナリオ"を想定する。

① 外部環境の変化

現在予見される環境変化の要因のうち，ウェルスマネジメントビジネスへの影響が特に大きい要因は「技術」に関係するものだと想定される（**図表2-8**参照）。生成AIの発展によって，従来までは人が行う必要があった業務が代替されることが見込まれるが，代替される業務の範囲についてはシナリオの分岐点となるであろう。加えて，Web3／メタバースについても，普及の度合い・スピードによっては，顧客接点のあり方が根底から変わる可能性を秘めるものだといえる。

| 図表2-8 | ウェルスマネジメントビジネスの外部環境に影響を与える因子（ベースシナリオ）|

10年以内に意識すべき「重要因子」

大分類		詳細	不確実性
政治	**2** 規制の見直し	顧客に提案・販売する商品や，説明内容に関する規制（適合性の原則に係る規制）が強化される	低
		ファイアーウォール規制が撤廃された場合，独立系証券会社の強みが失われる	低
経済	**4** 既存ビジネスの終焉	海外に比べ，日本の政策金利の低位推移は当面継続されると想定され，日本国債などの債券系商品のパフォーマンスが海外対比で不芳	低
		株式や投資信託の売買での利益に対する課税の税率が軽減される可能性がある	低
		国内現物株の売買手数料が0付近に低下	低
社会	**5** 顧客層の変化	少子高齢化のさらなる進展により，高齢者層が保有する金融資産が増加する	低
		日本政府の資産所得倍増プランにより，アッパーマス層の投資意欲が増加する	低
		高齢者層から若年層への資産継承により，ウェルスマネジメントビジネスの顧客ターゲットの拡大	低
		仕事と家庭の両立環境の整備が進み，出産後も正社員として働き続け，収入を大幅に減らさずにキャリアを積む女性が増えたことで，共働き世帯が増加	低
	7 既存ビジネスの再構築	ウェルスマネジメントビジネスの大部分がネットで完結できるようになる	低
		異業種の金融参入により，個人向け金融機能が浸食される	低
技術	**8** 新たな技術の普及と導入	様々な世代が1日の多くの時間をメタバース上で過ごすようになる	高
	9 提供商品・サービスの高度化	大量データ分析，生成AIおよびNLPの利用の加速に伴い，対客業務の効率化（単純な問合せ対応など）が代替される	高

②　ベースシナリオ

　日本のウェルスマネジメントビジネス全体を俯瞰すると，グローバル同様に運用資産全体は増加するという点では見通しは明るい。しかしながら，顧客層の変化が加速，またそれに応じた顧客ニーズの多様化の加速に加え，カスタマージャーニーを含めたUI／UXの重要性のさらなる高まり，さらに顧客ごとにカスタマイズされたソリューションの提供等，金融機関に対する付加価値提供の期待も高まると想定される。

　日本のウェルスマネジメントビジネスの市場規模に関して，想定ターゲット顧客数は少子高齢化を背景に高齢者富裕層はさらに増加し，加えて資産継承やパワーカップル化によってアッパーマス層も増加する。また，日本政府の政策としても「貯蓄から投資へ」「資産所得倍増プラン」の流れは継続し，個人に対する投資教育の進行や投資知識水準も上がるため，顧客の投資性向は高まる

と考えられる。これらを踏まえ，日本が一定水準の経済成長や株価を保つとすれば運用資産は確実に増加すると想定される（**図表2-9**参照）。

図表2-9　ベースシナリオのポイント

顧客数の増加
✓ 少子高齢化を背景に高齢者富裕層はさらに増加
✓ 資産継承やパワーカップル化によってアッパーマス層も増加

投資意欲の増加
✓ 日本政府による政策面での後押し（「貯蓄から投資へ」「資産所得倍増プラン」）
✓ 個人への投資教育の進行や投資知識水準向上に伴う，投資性向の上昇

運用資産残高（AUM）の増加
✓ 日本が一定水準の経済成長や株価を保つとした場合，
　顧客数の増加・投資意欲の増加を背景に、運用資産残高は増加

　一方で売買手数料は大手ネット証券による日本株取引のゼロ手数料化，デジタル世代のロボアドバイザーのさらなる活用により，ウェルスマネジメントビジネスは取引手数料ビジネスから預かり資産額に対する手数料へのシフトがさらに加速し，一定規模の預かり資産を持たない事業，回転売買に依存した事業，もしくはウェルスマネジメント以外の付随する業務領域（投資銀行業務や市場業務等）に強みを持たない事業は成立しなくなるだろう。

　また，超富裕層に対しては非金融領域でのサービス提供を推進する動きが大手プレイヤーを中心に見られるが，今後は一層拡大し，顧客の囲い込みと収益獲得の双方を企図するものとなるであろう。加えて，米国等ではすでに一般的となっているIFA（"Independent Financial Advisor" の略称であり，独立系ファイナンシャルアドバイザーとも呼ばれる）の日本での普及がより進展することが想定される。ウェルスマネジメントビジネスのプレイヤーとは競合関係であると同時に，共存関係（IFAを介することで，従来まで自社がアプローチ

できていなかった顧客に対しても投資商品・サービスを販売することが可能）
にもなるであろう。

　なお，昨今大きな話題となっているChatGPTを始めとする生成AIに関して
は，リサーチ，ドキュメンテーション等の社内業務の効率化を主目的として活
用が進むと想定している。現行のウェルスマネジメントビジネスには，顧客へ
の提案資料作成や顧客からの受注〜約定に係る一連の業務フロー，社内での各
種管理業務（コンプライアンス関連・リスク管理関連等）フローに至るまで，
多くの業務で依然として人手を介する部分が存在している。もちろん，ウェル
スマネジメントビジネスを展開している各社も，RPAによる業務の代替や業
務効率化による事務の軽量化に取り組んでいるものの，まだ多くの人員を社内
業務に従事させる目的で抱えている。

③　激変シナリオ

　ウェルスマネジメントビジネスにおいて環境が大きく変化する要因として想
定されるのは，「ChatGPTのような生成AIの投資アドバイスへの活用が急拡大
する」「Web3による新たな投資の世界が市民権を得る」であり，それに伴っ
てウェルスマネジメントビジネスを展開するプレイヤーに必要な競争優位性の
要素に大きな変化が生じる。

　　＜生成AIの投資アドバイスへの活用が急拡大＞
　もしも，生成AI技術が投資アドバイスそのものに活用される世界が訪れた
場合，ウェルスマネジメントビジネスにはどのような変化が訪れるだろうか。
従来まで銀行・証券会社は，顧客を担当する営業員（通称リレーションシップ
バンカー。その名のとおり，顧客との「リレーション（関係性）を構築・強
化」することを担う職務）の日常的なセールス活動によって商品提案・約定を
行い，収益を獲得してきた。しかし，顧客が自分自身で「自分にとって最適な
投資商品は何か？」と生成AIに問い掛けると，顧客の情報・趣味／趣向を踏
まえた上で，即座に世界中の知見・トレンドを踏まえた最適な商品やポート
フォリオを提案してくれることになった場合，どれほどの顧客が引き続き営業
員との会話を望むだろうか。もちろん，人との対話を望む顧客は一定数存在す

ることも想定されるが，多くの顧客が生成AIとの対話で十分だ，と考えることもありうるであろう。生成AIではないものの，人を介さないセルフサービス型の投資運用サービスという面では，Q&A形式にて顧客からオンラインで取得した投資趣向やリスク許容度に合わせて，顧客の資産をいくつかのポートフォリオのパターンに分類し，そのパターンに応じた資産運用を自動で行うロボアドバイザー事業はすでにいくつも存在する。

ただし，顧客への投資アドバイスそのものが生成AIに置き換わるには，複数の大きな課題がある。例えば現在のChatGPTの稼働には，事前に過去の莫大なデータを取り込み機械学習することが前提で，市況や株価といったリアルタイムの情報をベースに意思決定する事業については，意思決定のベースとなる情報が最新でなく，誤った投資アドバイスを提示する可能性は拭えない（リアルタイムデータを必ずしも必要としていない中長期分散投資は別として）。もちろん通信技術，情報処理技術が飛躍的に高速化し，インターネット上のすべての情報の収集や分析が瞬時に行われ，それをベースに生成AIが投資アドバイスを提供できるのであれば話は別であるが，現在の技術においてその実現可能性は低いと考える。ただし，生成AIが，営業員に対して，顧客向けのアドバイスを提示する可能性は高い。生成AI技術ではないものの，AIやアナリティクスが営業員に対して顧客への次のアクションの提案を行う事例や，ポートフォリオ・ソリューション・システムが各顧客に対する適切な顧客ポートフォリオを営業員に提示する事例はすでに存在する。

また，顧客への説明責任の観点では，近年の金融庁の考え方・スタンスとして，「金融機関は顧客に商品・サービスを提案する際の背景・ロジックを説明できるようにすること」や「金融機関は顧客（特に個人投資家）に対して適切な情報開示・説明を行うこと」を含めた「説明責任」を求める傾向にある。これらの考え方・スタンスは，近年の仕組債をめぐる金融庁の動き（銀行・証券会社への仕組債販売状況のヒアリング・仕組債のコスト開示の義務付け等）を見ても明らかである。AI技術は大量のデータ・情報をインプットし，自律的に学習させることによって精度を高めるものであり，その過程・ロジックを人が遡って解読することは困難である。それゆえに，生成AIと顧客が直接やり取りを行った上で商品提案・約定することは金融庁の現行の考え方・スタンス

とは相容れないと想像される。金融機関の顧客への説明責任が「（ブラック
ボックスの）AIの推奨したものだから」という理由に，顧客や当局が納得す
ることは考えにくい。

　しかしながら，もしも今後AIの精度が劇的に向上し，世の中におけるAIに
対する信頼感が向上し（グラスボックス化）かつそのリスクも幅広く理解され
（「AI-Readyな社会」が確立），さらに当局や業界団体のAIに対する姿勢が変化
し，適切な規制や顧客説明の枠組みが整備された後に生成AIが顧客に直接投
資アドバイスを行うことが可能となった場合は，顧客接点が人からテクノロ
ジーに代替されるため，ウェルスマネジメントビジネスは大きな岐路に立たさ
れると思われる。"顧客接点が人からテクノロジーに置き換わる"ということ
は，従来まではリレーションシップバンカーの人柄や細やかなサービス等に
よって他社との差別化を図ってきた銀行・証券会社にとっては，人や自社の強
みが失われることになる（**図表2-10**参照）。

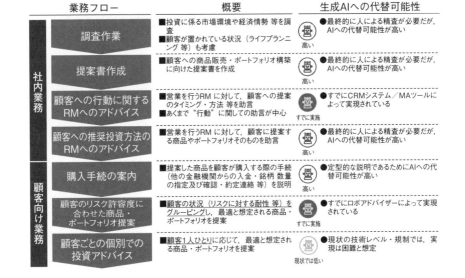

図表2-10　激変シナリオによる業務フローの変化

　このシナリオは，金融機関として営業員の介在が経済合理性に反するマス層や一部のアッパーマス層（本節の対象外顧客）への簡易的サービスとして運用されている可能性はある。

　＜Web3による新たな投資の世界が市民権を得る＞
　Web3といったブロックチェーン技術をベースとした分散型ネットワークは，若い世代を中心に投資の世界を変える可能性がある。すでにそれに投資対象を実装した，暗号資産（仮想通貨）が爆発的なブームを引き起こしたことは記憶に新しい。また，STOやNFTも多くの証券会社が取り組み，投資対象として認知され始めていることに加え，昨今はメタバースといった仮想空間やそのコミュニティの形成が拡大しており，その仮想空間における資産も投資対象になり始めている。これらの新興的な投資の世界は現時点では十分な市民権を得ているとはいい難いものの，2035年の世界では，Web3の世界で形成される新たな金融商品が，旧来の金融商品と同じ感覚で取引されている可能性はある。
　Web3における金融商品取引が発展・普及するためには以下の4つの課題を乗り越える必要がある。
　ⅰ　分散型ネットワークであるがゆえに管理者・仲介者が存在せず，かつシステム・ツール開発の開放性が高いため，責任の所在や規制のターゲットが不明確
　ⅱ　自律性が高いネットワークであるため，規制当局によるサービス停止が困難
　ⅲ　高い秘匿性が特徴であり，本人確認のルールを制定・確行できなければ追跡が困難
　ⅳ　耐タンパー性に伴い，事後補正が困難
　上記の各種課題については，規制当局を中心としつつ，民間の業界団体での議論・研究も進みつつあるため，常にアンテナを高く張り，情報収集とトレンド把握に努めることが求められる。

　近年，日系の大手証券会社も徐々に当該領域への取組みを強化している。SMBC日興証券では，スタートアップ企業と組むことでWeb3事業の共同出資

会社を設立し，日本の文化・芸能の担い手をウェブ経由で紹介し，若年層の資産家からの投資を促進しようとしている。また，SBIホールディングスでは，Web3における制度やインフラ構築に貢献する目的でセキュリティトークン分野の健全な発展を目指す自主規制機関（一社）日本STO協会を，デジタルスペースの発展に寄与する業界横断の総合経済団体として（一社）日本デジタル空間経済連盟を設立し，新たなプラットフォームの構築を推進している。ウェルスマネジメントビジネスを行う他のプレイヤーも，自社単独または他社との協業により当該領域の検討・推進が必要不可欠となる将来もありうるであろう。

（3）金融機関の取るべき方向性

　ウェルスマネジメントビジネスを展開するプレイヤーは，前述したベースシナリオおよび激変シナリオ双方を踏まえた上で，今後自社が進むべき道（取るべき方向性）を明確に定める必要がある。大きく3つの方向性を提示する（**図表2-11**参照）。

図表2-11　金融機関が取るべき方向性の選択肢

#	取るべき方向性	主要対象顧客	提供サービス
❶	超富裕層を中心にした対面による手厚いサービスを提供するプレイヤー	■資産規模が大きく，大ロットでの資産運用を行う顧客 ≻事業主（オーナー社長） ≻地元の名士 等	■対面を主軸としつつ，リモートも活用した顧客接点 ■人生全体への広範なサービスを提供 ≻事業に対するアドバイス ≻金融資産に加えて不動産や美術品 等の資産管理 等
❷	アッパーマス層を中心にデジタルを活用したサービスを提供するプレイヤー	■一定の金融資産を持つ顧客 ≻親族からの資産承継を受けた顧客 ≻共働きによるダブルインカムの顧客 等	■デジタルが中心（デジタルへの親和性が高い／日中は仕事等で対応が困難 等）の顧客接点 ■金融領域のサービスを提供 ≻投資運用の助言 ≻生命保険や住宅ローンを始めとする周辺サービス 等
❸	デジタルに対応できないアッパーマス層～富裕層に対面でサービスを提供するプレイヤー	■デジタルを好まない／対応できない顧客	■対面での接点 ■金融領域を中心としつつ，自社で提供可能な範囲内で非金融領域の広範なサービス提供を目指す

① 超富裕層を中心にした対面による手厚いサービスを提供するプレイヤー

　事業主（オーナー社長）や地元の名士等の超富裕層の顧客については，デジタル化が進んだとしても引き続き対面（リモートを含む）による，事業に対するアドバイスや人生全体をサポートするような広範にわたるサービス（非金融領域を当然に含む）が引き続き求められると想定している。これらの顧客層はウェルスマネジメントに対して，投資商品や金融資産のポートフォリオに関するアドバイスだけを求めているわけではなく，不動産や時には美術品等の有形資産を含めた資産管理や，コンシェルジュ的な役割を求めるものと想定される。その際，事業アドバイス，事業承継，相続，節税，グローバルな情報提供等の専門性の高いかつ包括的なサービスを提供できるのは，資本力があり，かつ他社との連携・提携態勢を構築しやすい，限られた一部の大手プレイヤーとなるであろう。

② アッパーマス層を中心にデジタルを活用したサービスを提供するプレイヤー

　親族からの資産承継やパワーカップル化によって一定の金融資産を持つアッパーマス層の顧客については，デジタルを入口とした金融領域中心のサービスが求められると想定している。これらの顧客層は比較的若年層であるためにデジタルとの親和性が高く，かつ従来のウェルスマネジメントビジネスではアプローチしていなかった層となるために顧客数が多い。そこで，スマートフォンアプリやインターネットサイトを活用することによる，ウェルスマネジメントビジネスプレイヤー側からすると効率的なサービス提供が必要となる。この戦い方が行えるのは，すでに相応の数の顧客とのデジタル接点を持ち，かつアプリ・システム開発やプラットフォーム構築に対して先行して投資が行える事業や資金規模を有する，メガバンク系証券会社を中心とした大手プレイヤーや，デジタルソリューションに強みを持つネット銀行・証券系のプレイヤー，大胆なデジタル投資を英断できるプレイヤーだと想定される。

③　デジタルに対応できないアッパーマス層〜富裕層に対面でサービスを提供するプレイヤー

　デジタル化が進展しても，どうしてもデジタルを好まない顧客も一定数存在し続けることが想定される。そういった顧客に対して，従来どおりの対面によるサービス提供を行う道も存在している。しかし，大きな収益源である超富裕層は❶のような手厚いサービスを行うプレイヤーに囲い込まれるためにアプローチができなくなるため，比較的収益を生みにくい顧客層に対して，対面という高コストな営業を行わざるを得ない。それゆえに❸は儲かりにくい道だといえよう。❶の道も❷の道も選択できないプレイヤーは必然的に❸に進まざるを得なくなってしまうと想定される。

（4）金融機関が取るべき打ち手

　前述した金融機関の取るべき方向性に対して，取るべき打ち手を考察する（なお，❸の道については自ら進んで目指すものではないため，割愛する）。
　❶を目指すプレイヤーは，「高齢者を中心とした富裕層に対する，対面営業による金融領域プラス非金融領域での包括的な商品・サービス提供」を実施しながら大きなロット（比較的大きな金額）のビジネスを意識した「厚利少売」を目指す。このビジネスモデルは従来からのウェルスマネジメントビジネスの延長線上に位置するものであり，顧客を囲い込むことで経常的な収益獲得を図るものである。“非金融領域”とは顧客の人生に寄り添う，あらゆるサービス提供を想定するものであり，医療・介護・子供／孫の教育・住宅・セカンドハウス・旅行等，多岐にわたる。これらのサービス提供によって顧客ロイヤリティ（顧客の忠誠度合い）を高め，自社に金融資産を預けておくことへのインセンティブを提供するものである。独立系証券会社におけるウェルスマネジメントビジネスはこの方向性での生き残りを図ることになると想定している。しかしながら，その場合は少数の優秀な営業員と，後方事務や（少数ではあるが）店頭での来客対応を担う事務職社員のみで運営することが可能になるため，現行の総合職・一般職の社員比率・人数が大きく変わり，少数精鋭のスリムな組織体となっていることが適切だと考えられる。

❷を目指すプレイヤーは,「若年層を中心としたアッパーマス層に対する,デジタルを活用することによる金融領域中心の商品・サービス提供」を実施しながら,生産性を重視した「薄利多売」を目指す。このビジネスモデルは,従来のウェルスマネジメントビジネスでの想定ターゲット顧客よりも金融資産額は小さく,かつ年齢が比較的若い顧客を想定するものである。アッパーマス層へのビジネスは,富裕層以上に多数の顧客を抱えることになるため,従来のようなプライベートバンカーによる対面営業ではなく,インターネット上でのデジタルによる営業が必要となる。具体的には,インターネット上に開設した口座保有者専用サイトにて,顧客の属性情報(年齢・性別・職業等)に加えて,顧客から任意回答で収集した情報(家族構成・他社/他行での保有金融資産等)をベースとして,顧客に対して複数の質問を投げ掛け・回答を受領することで,最適な投資商品・ポートフォリオ提案を実施する形が想定される。現状でも投資初心者を主対象とした,アルゴリズムに基づく投資信託等のアドバイス機能を提供している証券会社も存在するが,今後はさらに高精度かつ個々人へのカスタマイズ度合いが強い商品・サービス提供が求められるであろう。効率的かつ効果的な営業によって,低コストでのビジネス展開を行い,収益獲得することが求められる。

　本ビジネスモデルにおいて金融機関が取りうる戦略オプションは「自らがアッパーマス層向けのプラットフォームを構築し,ウェルスマネジメントビジネスを展開する」,「他のプラットフォーマーと協業し,他社のプラットフォーム上でウェルスマネジメントビジネスを展開する」の2つが想定される。前者を行うためには相応のIT投資が必要になるため,経営体力があるプレイヤーのみが実現できる戦略オプションであるが,後者は比較的小体のプレイヤーでも取りうるオプションであり,協業相手や提供する商品・サービスによっては大手プレイヤーにも伍せる打ち手となるであろう。この方向性を取ることが可能なプレイヤーは,銀行および銀行系証券会社だと想定している(銀行および銀行系証券会社は,❶の方向性も同時に展開が可能)。銀行および銀行系証券会社は,銀証連携(同一グループの銀行と証券会社が,顧客からの同意を前提としつつ各種情報を共有し,銀行・証券会社が一体となったサービス提供を行う取組み)によって顧客の金融資産の囲い込みが容易であり,とりわけ若年層

に対しては銀行口座にリーチできていることが大きな優位性となっている。若年層の生活の一部になっている銀行口座を軸として，資産運用への誘導・提案を行うことが可能であり，独立系証券会社に対するアドバンテージであるため，この強みを生かして顧客獲得を目指すことが合理的である。

　なお，いずれの方向性においても必要なことは「提供できる投資商品ラインナップの拡充」だと想定される。富裕層に提供する投資商品の観点では，従来までの主力商品だった国内商品（日本企業の現物株・債券・投資信託等）に加えて，より高い利回りを見込める商品の組成・提供が求められる。日本経済の相対的弱体化や人口動態の変化（少子高齢化・生産労働人口の減少等）に伴い，投資対象としての日本は魅力を失いつつあり，10年後はその傾向がさらに強まると想定される。そのため，外国商品（外国の現物株・債券・投資信託等）やオルタナティブ商品（コモディティ，プライベートエクイティ，プライベートクレジット，インフラデット等）への需要が高まることも想定され，ウェルスマネジメントビジネスのプレイヤーには商品ラインナップの拡充も一定程度は必要になるであろう。その際に取りうる戦略オプションとしては，「海外の銀行・証券会社・資産運用会社の買収・提携関係強化」が有力である。ベースシナリオおよび激変シナリオの双方において提供商品の幅広さが必要であり，とりわけ海外商品に関しては日本国内に本拠を置く金融機関では商品開発が困難と想定される。そこで，知見を持つ海外の金融機関のケイパビリティを取り込む・活用することで日本国内の富裕層・アッパーマス層に対する商品提供を行うことが可能となる。

＊

　ここまでウェルスマネジメントビジネスを取り巻く環境変化をもとにしたシナリオ（ベースシナリオ・激変シナリオ）と，金融機関が取るべき打ち手・戦略オプションを考察してきた。ウェルスマネジメントビジネスを展開するプレイヤーにとっては，市場は引き続き拡大するものの，少子高齢化による人口構成と個人資金の年齢層ごとの分布の変動により，従来とは異なる顧客層へのアプローチやニーズへの対応を踏まえた新たな商品・サービスを提供することで，いかに顧客を囲い込むか，自社の経済圏につなぎ止めるかが重要となるであろ

う。また生成AIやWeb3の本格的な活用により，一層の労働生産性の向上や，新たな投資の世界への動きが活発になる可能性もあり，各社ともにその動きに追随する必要があるだろう。その際には，自社単独でのオーガニックなビジネス展開に固執することなく，外部企業の買収や外部パートナーとの協業を行うことで自社に必要なケイパビリティをスピーディーに獲得し，インオーガニックなビジネス展開を行うことで，ウェルスマネジメントビジネス市場でのポジションを早急に確立し，不動のものとすることができよう。日本国内の顧客を対象としたウェルスマネジメントビジネスは国内銀行・証券会社に加えて外資系銀行・証券会社も事業展開しているが，圧倒的なシェアを獲得した勝者はまだ存在しない。自社が目指すビジネスの方向性を早期に定め，必要な打ち手を講じることがウェルスマネジメントビジネスで勝ち残るための要諦である。

第 4 節　コマーシャルバンキングビジネスの今後

（1）イントロダクション

　10年後の法人向けコマーシャルバンキングビジネス（法人向け預金・為替・融資サービスを軸としたビジネス）はどうなっているのだろうか。本節では，金融機関の当該ビジネスに影響を与えうる外部環境要因を踏まえ，ベースとなるシナリオおよび事業環境が大きく激変するシナリオを描いた上で，それらを前提とした金融機関の方向性や取るべき打ち手を論じてみたい。

　詳細は後述するが，現在の事業環境の延長線上となるベースシナリオでは，中堅・中小企業のメインバンクは引き続き地域金融機関が担い，貸出しのみならず幅広く本業を支援する一方，大企業はメガバンクが金融領域を中心に支える将来が想定される。一方，激変シナリオでは，「グローバルでの金利の上昇」「サステナビリティへの対応の厳格化」「異業種プラットフォーマーによるチャネル構築」が極端に進んだケースと仮定した場合，預金と貸出しを軸としたコマーシャルバンキングビジネスは崩壊し，金融機関は地域企業の脱炭素支援を始めとしたコンサルティング会社への転換を余儀なくされる将来が想定される。また，いずれのシナリオに分岐するにせよ，金融機関は，「データ活用」「デジタル活用」「バンカーの強化」「金融機能の強化」に取り組む必要があろう。

　なお，本節で取り上げるコマーシャルバンキングのサービスの例としては，預金・為替・融資といったカネの領域に加えて，人材紹介やビジネスマッチングのような本業を支援するヒト・モノの領域も対象とする。

（2）想定されるシナリオ

　およそ10年後のコマーシャルバンキングの将来像を考えるにあたっては，前述のとおり，当該ビジネスに影響を与えうる外部環境の変化とそれが金融機関にもたらす影響を考察していきたい。

① 外部環境の変化

まず，当該ビジネスに大きなインパクトのある外部環境因子（ドライバー）をいわゆるPEST分析にて整理する（**図表2-12**）。なお，太字下線としている「金利の上昇」「サステナビリティ対応」「B2Bプラットフォーム」については，現時点ではどのように発現するか不確実性が高いと考えられるドライバーであり，これがどのように発現するかで将来のシナリオを分岐させていきたい。

コマーシャルバンキングビジネスの外部環境に影響を与える因子（ベースシナリオ）

10年以内に意識すべき「重要因子」

大分類		詳細	不確実性
政治	1 金利の上昇	日銀の大規模な金融緩和政策が正常化に向かい，長期金利・短期金利が緩やかに上昇している	高
	2 規制の見直し	銀行の法令上の規制がさらに緩和している	低
経済	3 国内市場の変化	日本国内のGDP が緩やかに成長している。ただし，地方経済は低迷の一途を辿っている	低
社会	5 顧客層の変化	生産年齢人口の減少と少子高齢化が深刻化している	低
	6 顧客需要の多様化	世代交代に伴い，デジタル受容度が高まっている	低
		法人顧客において，融資の提案のみならず，本業を支援するようなソリューション・アドバイスを期待する傾向がさらに強まる	低
	7 既存ビジネスの再構築	企業経営においてサステナビリティへの対応が避けられなくなっている	高
技術	9 提供商品・サービスの高度化	データ利活用により，金融機能・非金融機能の双方でサービスの高度化・自動化が飛躍的に進んでいる	低
		B2Cビジネスのみならず，B2B のビジネスにおいてもオンラインプラットフォームが普及している	高

事業影響が大きく，起こりうる可能性の高い因子

起こるかどうか・いつどう起きるかは不透明だが，事業影響が大きくなりうる因子

② ベースシナリオ

現在の事業環境の延長線上となるベースシナリオでは，国内市場が成熟・地域間格差が広がる中で，大手を中心に各金融機関が預貸ビジネスモデルを維持しつつ，本業支援／高度金融ソリューションの展開やサステナビリティ・オンライン化への対応を法人顧客に対して進めているものと想定する。

その前提として，インパクトの大きい前述のドライバーのうち，不確実性の低いものが確実に実現し，他方で不確実性の高いものは従来のコマーシャルバンキングのビジネスモデルの根幹を揺るがすほどの変化は発現していない状態と仮定している。

＜Politics（政治）＞

　2023年4月28日に行われた，植田和男総裁の就任後初めてとなる日銀の金融政策決定会合では，大規模な金融緩和政策を維持継続する方針が示されている。本書を執筆している2023年7月現在では，政策の修正はまだ見通せないものの，同会合では過去の金融緩和政策を対象としたレビューを実施することも決められており，中長期的には副作用を伴う非伝統的な金融政策は見直され，正常化に向かっていくと思われる。それに伴い，国内の金利が徐々に上がって事業性融資の利鞘が拡大し，バランスシートを使った伝統的な商業銀行ビジネスモデルの収益性が向上していることが想定される。

　また，銀行に課せられている法令上の規制の緩和がさらに進んでいくのではないか。2021年11月に施行された改正銀行法では，ポストコロナの経済の回復・再生を支える「要」として，重要な役割を果たすことが期待される銀行の取組みを後押しすべく，業務範囲規制や出資規制が大きく見直された。2017年に導入された銀行業高度化等会社への事業認可の規制が緩和される等，銀行グループが直接行える業務の幅がより広がった。特に，付随業務の範囲として個別列挙される形で，高齢者見守りサービスやデータ分析・広告，登録型人材派遣等が認められており，銀行の収益機会を広げるとともに，地域を様々な面からサポートすることが期待されているといえよう。こうした規制緩和を受け，足元で多くの銀行が新事業に着手しており（**図表2-13**），こうした動きが10年後には常態化し，その動きを加速させる形で規制緩和がさらに進展していると考えられる。

図表2-13　規制緩和を踏まえた足元の各銀行の取組み

銀行名	事業区分	取組み概要
三井住友銀行	家族の見守りサービス	✓2022年4月,「SMBCファミリーワークス」を設立し, 8月に増加する高齢者の独り暮らしに対応するスマートフォン向けアプリをリリース ✓お金, 健康, 生活の3つの観点から家族のリスクを可視化し, 不安解消につなげるサービスを提供する
七十七銀行	人材紹介・派遣	✓2022年8月, 人材紹介業務を中心とした人材関連事業を提供する「七十七ヒューマンデザイン」を設立 ✓人材紹介・派遣だけではなく, コンサルティングや社員研修なども手掛ける
中国銀行	DXや脱炭素支援のコンサルティング	✓2022年9月, 地域のデジタル化推進や脱炭素を支援する「Cキューブ・コンサルティング」を設立 ✓グループ会社を巻き込み, 地域と企業の成長に必要なヒト・モノ・カネを一気通貫で提供する
八十二銀行	地域商社, 電力事業	✓2022年10月, 地域商社と電力事業を手掛ける「八十二Link Nagano」を設立 ✓地域産品の販売や販路開拓等を持つ商社機能と再生エネルギーや省エネのコンサルティング等の電力関連サービスを提供する
南都銀行	サイネージ広告	✓2022年10月より, 営業店の点灯ディスプレイを活用した「サイネージ広告」サービスを開始 ✓広告時間と放映サイクルを元に放映希望企業を募集し, PRや販路拡大を支援する
しずおかFG	ソフトウェア開発・DX推進, 人材派遣	✓2023年2月, 人材派遣やソフトウエア開発の「ティージェイエス」を完全子会社化 ✓取引先企業のデジタルトランスフォーメーション（DX）や生産性向上に必要な人材の派遣, 静岡銀行のシステム内製化に取り組む
福井銀行	観光・旅行業, 地域商社	✓2022年7月, 地域観光商社「ふくいヒトモノデザイン」を設立し, 10月より事業を開始 ✓旅行業に参入し, 訪日外国人も含めた観光客をターゲットとするプランの企画や県産品の宣伝, 物販事業も手掛ける

データソース：各社公開情報, 日本経済新聞

＜Economy（経済）＞

　日本経済は, 2022年4～6月期の実質GDPが新型コロナウイルス流行直前の水準を上回り,「コロナ前の水準を回復した」と報道されたことは記憶に新しい。ただし, 新型コロナ流行直前期は消費増税により一時的に内需が落ち込んでいた時期であったため, 本格回復に向けてはまだ道半ばであろう。では, 足元の日本の潜在成長率はどうなっているか。

　日銀が推計する潜在成長率の推移（**図表2-14**）を見ると, ここ10年は0％

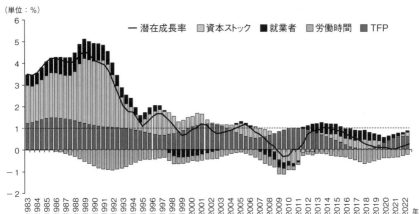

図表2-14　日本の潜在成長率の推移（前年比，寄与度）

（単位：%）

― 潜在成長率　□資本ストック　■就業者　□労働時間　■TFP

出所：日本銀行『需給ギャップと潜在成長率』（2023年4月5日発行）

台の低成長が続いている。潜在成長率に影響を与える要素のうち，「資本ス
トック」は一定の設備投資の拡大が見込まれるものの，「労働投入（就業者数
×労働時間）」は人口減少トレンドによりマイナス影響となるであろう。高齢
者・女性の労働参加率上昇や「生産性（TFP）」の向上による打ち返しはあり
うるものの，当面は目立った成長要因が期待しにくい環境と考えられる。国内
全体では，10年後にかけて緩やかな成長が続くのではないだろうか。

　一方，地域経済は，東京を始め都市部への人口・所得の集中に歯止めが掛か
らず，低迷の一途を辿っていると考えられる。労働力不足から地域の企業活動
が停滞し，高齢化が進む経営者の後継者不足から地域経済を支えるべき企業が
消滅していき，魅力的な働き場を失った若者が都市部に流出して少子高齢化が
さらに加速する，といった悪循環も懸念される（**図表2-15参照**）。

図表2-15　地域経済縮小の悪循環

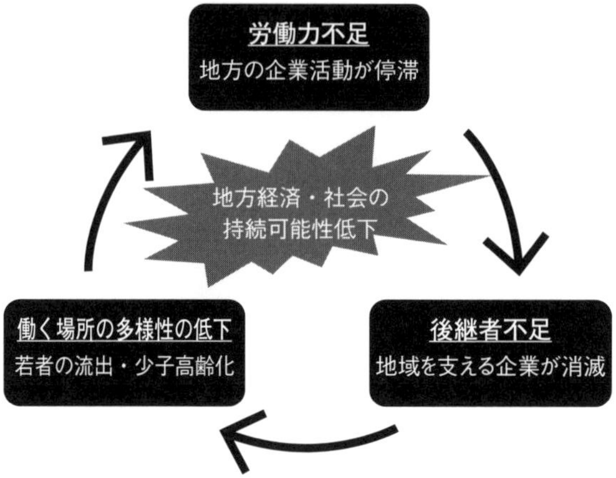

また，金融機関の顧客である企業としては，上記のような経済環境を前提とすると旺盛な資金需要があるとはいえないため，金融機関のリレーションシップバンカーに対し，融資の提案のみならず，本業を支援するようなソリューション志向のマインドと専門的なアドバイスを期待する傾向がさらに強まると考えられる。

＜Society（社会）＞
　国立社会保障・人口問題研究所が2023年4月に公表した「将来推計人口」では，2056年に人口が1億人を下回り，59年には日本人の出生数が50万人を割るといった予測が示された（**図表2-16**）。

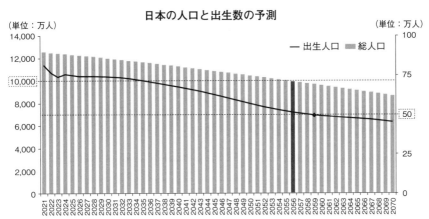

図表2-16　日本の人口と出生数の予測

出所：国立社会保障・人口問題研究所『日本の将来推計人口日本人人口参考推計結果・出生仮定』（令和5年推計）

　政府もこうした予測を受けて様々な政策を打つと考えられるが，今後も出生数は低下し，15歳〜64歳の生産年齢人口も減っていくと想定される。一方で，2025年には戦後のベビーブームの世代（いわゆる団塊世代）が後期高齢者になる等，高齢者の増加と少子高齢化の進行，社会保障費の増加も避けられない状況である。働き手となる生産年齢人口の減少は，特に地方においてより深刻な問題であり，前述した都市部への人口流出も相まって，地域社会に大きな悪影響をもたらすと考えられる。

　また，近年の環境や人権意識などの高まりを背景に，サステナブルな社会の構築に向け，地球温暖化・環境汚染・貧富の格差・人種・ジェンダー差別といった従来はさほど重視されてこなかった非財務要因が，金融機関の企業経営に影響を与え始めている。こうしたトレンドによる社会的な要請は，今後さらに強まると想定され，金融機関や企業のSDGs対応コストが緩やかに増加していくであろう。さらには，ビジネスのルール自体が変わっていることも想定される。つまり，これまでは特定のターゲット顧客の課題を解決することで経済的利益を得ることが目指されていたが，今後はマルチステークホルダーとの協働により社会課題を解決しながら市場を創造することを目指すことが当たり前

になっている可能性がある。

　最後に，働き方の多様化である。新型コロナの感染拡大により半ば強制的に社会に広まったテレワークについては，その様々な弊害からリアルな職場の価値が再認識され，出社への揺り戻しの動きも出てきているが，遠隔地への移動時間の削減等の合理的なメリットが見込まれる以上，従業員のエンゲージメント向上も見据え，今後さらに企業活動に取り入れられていくであろう。金融機関のバンカーが，顧客のバーチャルオフィスにアバターで訪問するといったことも一般的な営業スタイルの1つになるかもしれない。いずれにせよ，重要な商談・交渉といったコミュニケーションは対面・ヒト中心に行われる一方，それ以外の手続は，デジタル受容度の高い世代がビジネスの場において存在感を増すにつれ，そのほとんどがオンライン上かつ（半）自動的に行われるようになると考えられる。

＜Technology（技術）＞

　データ利活用については，昨今の動向を踏まえると，「活用されるデータの拡大」と，分析・生成を行う「AI・アナリティクス技術自体の高度化」により，金融機能・非金融機能の双方でサービスの高度化・自動化が飛躍的に進んでいる可能性が高い。前者では，企業の財務情報といった金融・定型情報のみならず，SNSや記者会見の動画，POSデータ，工場の稼働状況，気象情報といった非金融・非定型情報の活用が進むと考えられる。また，後者では，OpenAI社が2022年に公開して世界で注目を浴びているChatGPTのように，大規模な言語モデルを活用した生成AIのローンチが進んでいくであろう。こうした環境変化を通じて，現行よりもはるかに審査精度の高いトランザクションレンディングや，ヒトの手を介さずとも顧客のほとんどのビジネス上の悩みに答えられるようなAIチャットボットが普及している可能性がある（**図表2-17**）。

図表2-17　金融機関への生成AIの想定活用事例

想定活用事例		概要
収益強化	顧客需要を捉えた打合せ資料の作成	✓ 企業の莫大な取引情報や行動データをもとに次なる需要を予測し、顧客のニーズを取り込んだ打合せ資料を作成する
	取引サポート	✓ 申請、相談、交渉等のビジネス上の複雑な取引に対し、人間が対応しているかのような提案やサポートをウェブ上で自動で提供する
ガバナンス強化	フィッシング対策のためのシステム学習	✓ 学習データや検証データを生成し、AI基盤のフィッシング検知システムの訓練を実施しながら学習モデルの精度を測定して強化していく
	顧客デューデリジェンスレポートの作成	✓ サンクションリストとの照合や顧客の行動データ等から新規顧客に関するデューデリジェンスレポートを作成し、顧客のオンボード可否判断と対応要員へのネクストアクションを促す
	コンプライアンス違反の検知	✓ 銀行が擁する莫大な取引情報のデータベースから、潜在的にコンプライアンス違反となりそうな取引を特定して、対応策含めた情報を取りまとめた報告書を作成する
	ファイナンシャルモデルの高度化	✓ 取引情報や財務情報等の内部データと業界トレンド等の外部データをもとに、流動性や取引に関するストレステストの改善や高度化に向けた対策を講じるためのファイナンシャルモデルとシナリオを作成する

　また、オンライン取引の拡大や、2023年10月から消費税インボイス制度が開始されたことに伴い、中小企業を含めて電子取引環境が整備されていき、Amazonや楽天に代表されるようなB2Cビジネスのみならず、B2Bのビジネスにおいても、オンラインプラットフォームが普及していく可能性が高いと思われる。企業間の受発注・請求書のやり取りは紙ベースで行っている例がまだまだ多いが、今後10年の時間軸で見ると、いくつかのプラットフォーマーがB2Bのオンライン取引仲介市場を寡占し、企業はそのプラットフォーム上で販売／仕入から請求／支払までを行うようになるのではないか。

③　激変シナリオ

　続いて、10年後の事業環境が大きく変わる激変シナリオでは、預金と貸出しを軸としたコマーシャルバンキングビジネスは崩壊しており、地域金融機関が

地域企業の脱炭素支援を始めとしたコンサルティング会社への転換を余儀なく
される将来を想定する。

その前提として，インパクトが大きくかつ不確実性の高いドライバーである
「金利の上昇」「サステナビリティ対応」「B2Bプラットフォーム」が従来のコ
マーシャルバンキングのビジネスモデルの根幹を揺るがすほどの変化を発現し
ている状態と仮定した（**図表2-18**）。

図表2-18 コマーシャルバンキングビジネスの外部環境に影響を与える因子（激変シナリオ）

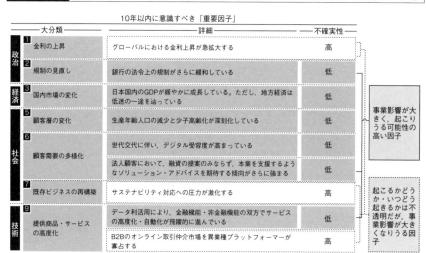

<グローバルでの金利の上昇>

各国当局によるインフレ抑制のための金融引締めに伴い，グローバルでの金
利上昇が急拡大した場合，投資運用商品への預金流出を回避すべく，預金金利
の引上げを余儀なくされることが想定される。一方で，国内の資金需要の拡大
が進まないと，事業性融資の金利の引上げ交渉が進まず，伝統的な預貸ビジネ
スモデルが逆ザヤに陥る懸念がある。

突発事象に伴って金利がグローバルで暴騰し，金融機関各社の有価証券の含
み損が拡大・資本が毀損し，SNS上でのレピュテーション悪化も相まって取り
付け騒ぎに波及し，国内の（中小）金融機関が破綻する，といった2023年のシ

リコンバレーバンク破綻に類するシナリオも想定されるが，調達サイドの話として本節では割愛する。

<サステナビリティへの対応の厳格化>

　アクティビストを始め株主・市場からの上場金融機関に対するサステナビリティ対応の圧力が激化すると，金融機関自身がゼロカーボンへの取組みを完遂することはもちろんであるが，投融資ポートフォリオの観点で，カーボンニュートラル等への対応が遅れる中小企業に対しての融資が不可能になることが想定される。

<異業種プラットフォーマーによるチャネル構築>

　前述したB2Bのオンライン取引仲介市場を異業種プラットフォーマーが寡占した場合，中小企業を中心にチャネル・データ・カネ（決済）を握られ，金融機関からは企業活動の商流・金流を把握することが困難になることが想定される。また，当該プラットフォーム上で，AIチャットボットが企業のビジネス上の悩みにプロアクティブに答え，トランザクションレンディングを提供する，適切なパートナー企業のソリューションに仲介する等，金融機関が提供していた機能・領域まで人手を介さず侵食してくるおそれがある。

（3）金融機関が取るべき方向性

①　ベースシナリオ

　ベースシナリオとして，上述のような外部環境変化を前提とした場合，10年後の金融機関はどのような方向性を取っているだろうか。

　まず，地域経済の縮小をはじめ，様々な経営課題に直面するであろう地域の中堅・中小企業を支えるメインバンクとしての役目は，引き続き地域金融機関が担うものと考えられる。しかし，資金需要が旺盛とはいえない環境下，そのサポートの仕方は，現状のような貸出しに偏ったものではなく，幅広く本業を支援するものになっているであろう。裏を返せば，限られた貸出金のパイは，規制緩和を追い風とした非金融ビジネス等も含め，本業支援にコミットできる

金融機関が一手に握り，貸出中心のビジネスしか展開できない金融機関は競争上劣後を余儀なくされる。中堅・中小企業の経営のパートナーとして，融資のポテンシャルではなく顧客の事業そのものを評価できる金融機関，貸出しのみならずコンサルティング営業ができる金融機関が勝ち残っているであろう。

　一方で，大企業に対しては，メガバンクを始め大手金融機関が，金融機能を中心に下支えをしている構図と考えられる。しかし，戦後の大企業と大手銀行はメインバンク制による密接な関係を築いてきたが，経済の成熟と金融の自由化に伴い，その関係性は希薄化ともいえる方向に変容した。先進的な企業は，従来大手金融機関が提供してきた高度金融機能について，外資系ファームを活用したり，投資銀行のバンカーを採用して資金調達やM&Aのスキーム組成を内製化したりしている。金融機関が大企業に対してなおプレゼンスを発揮するには，より専門的な価値を提供し続ける必要がある。

②　激変シナリオ

　激変シナリオとしての外部環境変化を前提とした場合，10年後の金融機関はどのような方向性を取っているだろうか。これらの変化は主に中小企業に関係する要素であり，以下では主に地域金融機関を念頭に論じる。

　事業性融資が逆ザヤとなり，かつサステナビリティの観点でも中小企業においそれと貸出しができなくなる環境下，地域金融機関はベースシナリオのように中堅・中小企業の経営のパートナーにはなれず，根本的なビジネスモデルの転換を余儀なくされるであろう。一定のスプレッド・フィーが得られる高度金融商品の提供に特化した専門型金融機関に転換するか，企業の資金需要に収まる程度の融資は残しつつも，大半のリソースをコンサルティング営業に振り向け，コンサルティングファーム化を目指す地域金融機関が増加していくのではないか。

　また，前述のオンラインプラットフォームを異業種が寡占し，中小企業のチャネルを握っているため，地域金融機関としては法人顧客とどのように接点を持つか，戦略を立てて動く必要がある。「非金融サービスを軸に地域ならではの価値を提供してエリア限定型のプラットフォームで異業種からチャネルを奪還する」「異業種のオンラインプラットフォーム上で裏方的に全国の企業に

商品を提供する」「組織の規模は縮小しつつ，10年後もなお対面を希望する地元の中小零細企業向けに対面でコンタクトし続ける（現在の信金・信組モデル）」といったいくつかの方向性があるのではないかと考えている。

　他方，そうしたシフトに対応できない地域金融機関は，他行・他社の傘下入りや統合を選ばざるを得ないと考えられる。

　地域金融機関は，来る金利上昇に備えた法人顧客への融資金利の転嫁を見据えつつ，地域企業のサステナビリティ対応に深くコミットし，かつ顧客との接点を将来にわたってどのように築くかを検討し始めることが肝要である。

（4）金融機関が取るべき打ち手

①　ベースシナリオ／激変シナリオで共通の打ち手

　これまで述べてきた将来シナリオを踏まえると，金融機関はこれからどのような打ち手を取ればよいだろうか。いずれのシナリオに進むとしても，「データ活用」「デジタル活用」「バンカーの強化」「金融機能の強化」に取り組む必要があると考えている（図表2-19）。

　　＜データ活用による顧客へのインサイト提供＞

　国内金融機関において，特にコマーシャルバンキングビジネスでデータ利活用が十分に進み，データドリブンな意思決定ができているところは現状ほぼない。しかし，異業種によるAI・アナリティクス技術の活用状況を踏まえると，これ以上の遅れは致命的となるおそれがある。

　社内に蓄積されるデータの質を高め，社内からのデータへのアクセスを改善し，縦割り構造によって現在サイロ化されているデータを民主化するために，データアーキテクチャを再設計すべきである。また，コマーシャルバンキングのフロント部門とデータ部門・テクノロジー部門が連携を強化することで，より深いレベルでの活用が進み，データが顧客にとって有益で実用的なインサイトをもたらすリソースになることが期待される。

図表2-19　金融機関が取るべき打ち手

────打ち手────	────概要────
データ活用による顧客へのインサイト提供	データドリブンな意思決定に向けたデータアーキテクチャの再設計 ✓ 社内の蓄積データの品質向上とアクセス方法を改善しデータを民主化 ✓ フロント部門とIT部門の連携によりデータ活用を促進し，インサイトをもたらすリソースへ昇華
デジタルソリューションを活用した顧客体験の再構築	デジタルソリューションを活用し，取引の大半をオンライン上で完結 ✓ 顧客の志向に目を配りつつ，非対面チャネルの整備と機能強化を実施 　例：フリクションレスなセルフ型手続の追求，非対面でのコミュニケーション機能の搭載等
リレーションシップバンカーの強化	顧客ニーズをとらえた育成と，デジタルツール等を活用した効果的な営業活動 ＜地域金融機関向け＞ ✓ コンサルタント人材としてのソリューション志向のマインドセットの植え付け ＜大手金融機関向け＞ ✓ 専門的な価値提供に向け，プロダクツ部門と連携した専門性の強化 ＜共通＞ ✓ デジタルツールの活用によるバンカー業務の支援 　例：CRMを活用したハイパフォーマーのスキル・ノウハウ横展開，RPA活用等
金融機能の強化	サービスラインナップの拡大と，高度な金融サービスの提供にむけた体制や知見の整備 ＜地域金融機関向け＞ ✓ 証券・信託・リース等のグループ一体での幅広いサービスラインナップの確保 ✓ ストラクチャードファイナンス等の高度な金融サービス提供に向けた体制整備 　例：他行やコンサルティングファーム等の外部有識者との連携による案件の獲得 ＜大手金融機関向け＞ ✓ トランジションファイナンス等，専門的な価値提供に向け継続的なプロダクツメイクを実施

＜デジタルソリューションを活用した顧客体験の再構築＞

　前述のとおり，デジタル受容度の高い世代がビジネスの場において存在感を増すにつれ，重要な商談・交渉といった例外を除き，金融機関の取引の大半をオンライン上で（半）自動的に行うことも可能と想定される。法人営業は未来永劫対面が中心と決めつけず，顧客の志向に目を配りつつ，非対面チャネルの整備・機能強化を進めておくべきであろう。具体的には，フリクションレスな

セルフ型手続の追求，非対面でのコミュニケーション機能（チャット，ビデオ会議）の搭載，オープンAPIを活用した幅広いソリューションの提供，等が考えられる。

　　＜リレーションシップバンカーの強化＞
　デジタルソリューションによる接点が拡大するとはいえ，金融機関のコマーシャルバンキングビジネスにおける価値提供の主体および異業種との差別化要素がリレーションシップバンカーであることは今後も変わらないと思われる。
　バンカーによる営業活動を強化するには，まずそのソフトスキルの教育が重要だ。地域金融機関においては，企業へのサポートの仕方が貸出しから幅広い本業支援に移るため，コンサルタント人材に向けたソリューション志向のマインドセットを植え付けることが求められる。大手金融機関では，専門的な価値提供に向け，プロダクツ部門と連携した専門性の強化が求められる。
　また，デジタルツールを活用してバンカーの業務をサポートすることも有意義である。営業・提案の善し悪しは人間力で決まる，といったデジタルの介在余地に懐疑的な意見も聞かれるが，企業ごとの潜在的な課題の分析・的確なソリューションの検討・提案に際しての事前準備等，ハイパフォーマーの営業活動を標準化した上で，それをCRM等のツールに乗せて浸透・実践させることは十分可能である。また，訪問前に準備しておくべき資料のRPAでの自動配信等，提案活動の余力を捻出するようなサポートも可能であり，デジタルツールの導入はぜひ各金融機関に検討いただきたい。

　　＜金融機能の強化＞
　地域金融機関は，地域企業の金融ニーズにワンストップに応えるため，証券・信託・リース等のグループ一体での幅広いサービスラインナップと，ストラクチャードファイナンス等の高度な金融サービスを提供できるように体制を整えることも必要である。特に後者の高度金融領域は，メガバンクの顧客層に比べてやや小さいが，従来の地域金融機関ではナレッジ不足で手を出せなかった中堅企業層にホワイトスペースが存在している。本領域に収益機会を見出し，案件獲得に力を入れ始めている地銀も実際に出てきているが，自力ではノウハ

ウや経験に限りがあるため，親密他行やコンサルティングファーム等の外部有識者の力を頼りつつ，体制整備に動いている。地域のことを深く理解している地域金融機関がこうしたナレッジを備えることで，より地域企業・経済に資する案件として結実させることができよう。また，信用リスクの可視化・責任分担の明確化といった融資組成に絡む仕組み作りや，売り手・買い手候補の探索とディール成立等の対価として得られる手数料収入（役務収益）は，貸出金利息に偏った地域金融機関の事業ポートフォリオの是正に役立つはずだ。

　また，主に大企業を顧客とするメガバンクにとっても状況は同じであり，トランジションファイナンス等，専門的な価値提供に向けた継続的なプロダクツメイクが必要である。

②　激変シナリオに向けた打ち手

　本節で取り上げたような激変シナリオはいささか極端に見えるかもしれないが，予測困難で不確実性の高い将来に備えるためにも，上記の打ち手に加えて，各行それぞれが置かれている環境を踏まえて，各行ならではの目指すべきビジネスモデルを検討・構築し，備えておく必要があろう。そのために，3つの取組みが重要と考える。

　1つ目として，目指すべきビジネスモデルを検討する際には，本節のようにシナリオプランニングを行って将来起こりうる環境変化をいったん仮置きした上で，長期的な方向性を検討すべきである。現在の延長線上で将来を予測するアプローチを取ると斬新な気づきが生じにくいリスクがあるが，シナリオプランニングでは不確定要素をベースに複数のシナリオを構築するため，業界の大きな変化を捉えたストレッチした戦略を立てることが可能となる。

　2つ目として，目指すべきビジネスモデルを構想した後，それを踏まえて少しずつでも現在の延長線上ではない領域に投資を行っておくことが必要だ。長期的な方向性を描いてそのままにしておくのでは意味がないため，ロードマップを策定した上で，計画的にシステムや人材に投資を行うべきである。

　最後に3つ目として，上記のシナリオプランニングで構築したシナリオの因子のうち，重要な因子を常にモニタリングしておく必要がある。自社の経営やビジネスモデルを揺るがすシナリオが起きるのはどのような因子が発現した場

合なのか，モニタリングすべき因子をシナリオプランニングを通じて明確にして定点観測することで，新たなビジネスモデルに切り替えなければならないタイミングを捕捉し，最適な決断を行うことができるようになる。

*

　ここまでコマーシャルバンキングビジネスを取り巻く環境変化をもとにしたシナリオ（ベースシナリオ・激変シナリオ）と，金融機関が取るべき打ち手を考察してきた。

　メガバンク・地銀を始めとするコマーシャルバンクは，今後も企業・地域を広く支える存在であるべきと考えている。そのためにも，ゆっくりとであるが確実に訪れる大きな環境変化に対して「茹でガエル」に陥らないよう，今から自社が目指すビジネスの方向性と抜本的な打ち手を検討いただきたい。

第5節 インベストメントバンキングビジネスの今後

(1) イントロダクション

　本節では，インベストメントバンキングビジネス（投資銀行部門，市場部門（ホールセール系証券会社））にフォーカスを当て，前節同様，10年後の事業環境を踏まえた金融機関の方向性や取るべき打ち手を論じる。

　まず，証券会社の本質的な役割は，「ブローカレッジ」，「ディーリング」，「アンダーライティング」，「セリング」業務を営みながら，直接金融における資金流動性の供給者として，発行市場と流通市場を通じて，資金需要者に企業や個人の余剰資金を行き渡らせることで，経済や産業の発展に貢献することである（**図表2-20**参照）。リテール部門，市場部門といったセカンダリービジネスにおいては，機関投資家，法人・個人投資家の余剰資金や運用資金を，今後価値を生み出すべく地域や企業・事業への投資へ導くことであるし，投資銀行部門（ECM（株式引受）・DCM（債券引受））といったプライマリービジネ

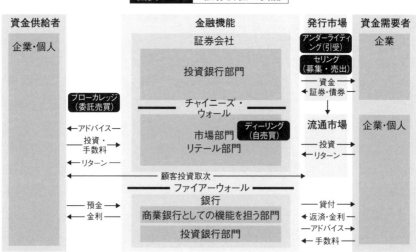

図表2-20　証券会社の機能

スにおいては，企業の資金調達を支援するものである。

　この証券会社の本質的な役割はこの20年大きく変化していないものの，昭和の日本の高度成長と国内の資金循環を前提にした現在のビジネスモデルは，今後の緩やかな日本経済の成長見通しや，リスクマネーのクロスボーダーフローの増加から見ても転換期を迎えており，10年先の事業環境や競争力の源泉を見据え，事業戦略やビジネスモデルを再考する必要がある。

（2）想定されるシナリオ

①　外部環境の変化

　まずは，10年後のインベストメントバンキング業界を取り巻く事業環境の見通しを論じるのに先立ち，当該ビジネスに影響を与えうるドライバーを整理していく（**図表2-21**参照）。

図表2-21　インベストメントバンキングビジネスの外部環境に影響を与える因子（ベースシナリオ）

	大分類	詳細	不確実性
政治	1 金利の上昇	「ゼロ金利政策」の終焉により，徐々に金利が上昇する	低
	2 規制の見直し	銀証連携におけるファイアーウォール規制が緩和される	低
経済	3 国内外の市場成長速度の差	日本のマーケットは現在同様，緩やかな成長が持続 一方で米国・中国・インドの急速な成長（GAFA，BATH等のテクノロジー企業が世界を席巻，併せて同国の新興企業がプレゼンスを高める）により，投資対象として海外の魅力が現在よりさらに向上し，資金の海外流出が加速	低
社会	5 顧客層の変化	少子高齢化や労働人口の減少により，人材獲得競争は激化する 業務の自動化や生産性の向上が，さらに重要度を増す ワークライフバランス重視・終身雇用の前提が変わり，キャリア重視思考やリモートワーク，時間の柔軟性確保が重視される	低 低
技術	8 新たな技術の普及と導入	大量データ分析やAIを利用した処理・分析・判断の高度化が加速	高

10年以内に意識すべき「重要因子」

②　ベースシナリオ

　既存の事業環境およびすでに顕在化している変化の方向性を前提で考えるベースシナリオでは，国内の資金需要者と資金供給者の資金需要と供給のサイクルには大きな変化は現れないものの，確実性の高い政治，経済・社会情勢やテクノロジーの変化により，国内・グローバルの資金調達・投資ニーズやそれ

に対応した資金フローのトレンドには変化が起きる。また事業オペレーションについては，引き続き新たなテクノロジーを活用した継続的な業務改善が行われていることを想定する。

＜Politics（政治）＞

金融緩和政策による景気の押上げを目的に1999年から続いている「ゼロ金利政策」は終焉し，金利は上昇すると考える。

金利の上昇は一般的には景気の抑制を誘発する。金利の上昇により企業の間接金融による資金調達が難しくなり，企業の事業投資が抑制され，業績向上が見込めず株価は下落しやすい。また，金利の上昇により，利回りベースの金融商品が好まれ，その反面株式は売られるため，株価は下落傾向になりやすい。

一方で銀行借入による資金調達が相対的に魅力的でなくなるため，インベストメントバンクが直接資金調達のソリューションを提供できる機会は増加する。また債券取引は活発化する。

＜Economy（経済）＞

日本の緩やかな経済成長により，既存の国内完結のリスクマネーの循環は伸び悩むものの，国として取り組むべき新たな成長産業，事業，企業への新たなマネーフローにより国内市場の流動性は現在と大幅には変わらないと考える。国，地方自治体や大手企業が進める「スマートシティ」「空飛ぶタクシー」といった新しい都市やライフスタイルの一部がより現実のものとなり，さらなる進化に向けた投資が活発化することによりリスクマネーの循環は維持される。

一方で国内の資金供給者からのリスクマネーは，米国，中国，インド，他アジア諸国等の海外の急速な経済成長を背景に，クロスボーダーフローが活発化する。

また日系大手企業のビジネスポートフォリオのグローバル化はさらに進み，グローバルレベルでの事業再編や資金調達のニーズはさらに高まる。

＜Society（社会）＞

「気候」「環境」「ダイバーシティ」等の「サステナビリティ」といった社会

的な課題への注目や，それに対するグローバル，国，地方自治体，企業として
の取組みの重要度がさらに増し，それに関連するビジネスや投資もさらに活発
化する。

　また少子高齢化や労働人口の減少により，優秀かつ若い人材の獲得は困難に
なり，金融のみならずすべての産業において人材獲得競争が激化し，労働市場
は高騰する。日系大手企業はこれまでの豊富な人員を武器にするより，少数精
鋭で，事業環境や市場動向を的確に捉えたよりスピーディーな経営の舵取りを
強いられ，また業務継続性の観点からも，業務の自動化や生産性の向上が，今
まで以上にその重要性を増す。

＜Technology（技術）＞

　テクノロジーによる業務の自動化や高度化は，高騰する人件費の削減効果を
見ながら，緩やかに進む。

　RPAやノーコードツール等はより世の中や企業に浸透しており，かつ
ChatGPTを始めとする生成AIに関しても，社内業務の効率化を主目的として
活用が進むと想定している。また，Web3に代表されるような非中央集権的テ
クノロジーの活用は一部の業務領域で緩やかに進むものの，企業の基幹プロセ
スの根幹を置き換えるまでには至っていないであろう。

③　激変シナリオ

　既存の事業環境が何らかの理由で大きく変貌する激変シナリオでは，不確実
性が高い政治，経済・社会情勢やテクノロジーの要素の中で，万が一起きた場
合の事業へのインパクトが高いものを取り上げ論ずるものとする。

＜Economy（経済）＞

　日本の国内産業・経済成長が想定以上に緩やか・不安定になり，もしくはグ
ローバル・リセッションや不測の世界情勢や国内情勢が発生し，結果として国
内のリスクマネーの循環が停滞する可能性を想定する。中国情勢，北朝鮮情勢
等の日本近隣諸国による想定外のイベント，パンデミック，テロおよび自然災
害等の想定外のイベント等により，企業の資金調達意欲が低迷し，また投資家

の投資マインドも冷え込むことを想定する。

<Technology（技術）>

Web3に代表されるような非中央集権的テクノロジーや生成AIを中心とした AIの企業での活用が加速的に進み，一部の企業の基幹システムの根幹や一部 の従業員の働き方を根本から変えることを想定する。

（3）金融機関の想定される方向性

前節の想定されるシナリオを踏まえると，今後10年間で金融機関はどのよう な方向に向かっているだろうか。

① ベースシナリオ

日本の経済政策，産業や大手企業の事業状況，リスクマネーのクロスボー ダーフローや市況の変化による資金調達や投資の新たなニーズやトレンドを捉 えながら，新たな商品・サービスの展開を継続的に行っていると想定する。

<グローバルサービスへのシフト>

国内の資金循環のサービスに加え，クロスボーダーの資金循環に関わるサー ビスの重要度がさらに増し，大手金融機関を中心に事業ポートフォリオのグ ローバル化が成長戦略のカギとなっていると考える。

<コモディティ商品からの脱却／付加価値商品・サービスへのシフト>

商品・サービスの観点では，汎用的かつ流動性の高いフロープロダクトの取 引による手数料ビジネスは，顧客へのオンラインサービス（各種リサーチ提供， プリトレードの分析ツール，取引ツール，ポストトレードツールを含む）の充 実化やサービスの汎用化が進み，収益の圧縮がさらに進む中で，デリバティブ を中心としたノンフロープロダクトの取引やリスク管理の重要度が増す。

　　＜外資系金融機関との連携のさらなる模索＞

　事業のグローバル化が成長戦略のカギを握る中で，グローバルで最大の北米市場やそこでの顧客，そこで培われているノウハウやソリューションへのアクセスは不可欠な状況になっている。MUFGとモルガン・スタンレー，SMFGとジェフリーズ，みずほFGとグリーンヒルといった，日系インベストメントバンクと外資系金融機関とのアライアンスはすでに存在するものの，その協業の枠組みのさらなる深化や新たなアライアンスやM&Aは継続的に起きるだろう。

②　激変シナリオ

　日本の経済成長が想定以上に緩やかになる，もしくは世界情勢や国内情勢に関して不測の事態が発生し，国内の直接金融による資金調達や投資の活動が停滞した場合，伝統的なインベストメントバンキング（投資銀行部門および市場部門中心のホールセール系証券会社）を単独でビジネスモデルとして語る時代は終わり，商業銀行ビジネスやアセットマネジメントといった安定収益源を兼ね備えた，金融グループの一部のビジネスポートフォリオとして位置づけられる可能性はある。それは，独立系インベストメントバンクが消滅するのではなく，事業の安定化に向けた事業の多角化や再編の中で起きると考えている。

　また新たなテクノロジーを惜しみなく活用し，デジタルカンパニーに変貌したインベストメントバンクの登場や，産業としての横連携や一部の機能のシェアード化が進むことにより，オペレーティングモデルが大きく転換する可能性がある。

（4）金融機関が取るべき打ち手

①　ベースシナリオ

　　＜真のグローバルサービスへの土台作り＞

　自力での海外ビジネスの強化や外資系金融機関の買収・提携等により，国内発行体および国内投資家に加え，海外発行体の資金調達ニーズ・海外投資家の投資ニーズを把握し，海外投資家への販売力を強化することで，これまで外資系証券会社がメインプレイヤーであった，日本関連のクロスボーダー案件（日

本企業の発行支援を行い海外投資家に販売する，もしくは海外企業の発行支援を行い国内投資家に販売する）への土台作りを推し進める必要がある。

<10年後を見据えた事業のデジタル化の加速>
労働市場の賃金高騰や顧客のデジタル化を見据え，テクノロジーを活用した事業のさらなるオンライン化や非人工化を早急に推し進める必要がある。例えば顧客とのタッチポイントの考え方，顧客の趣向の捉え方，情報提供や取引のあり方といったカスタマージャーニーを根本から見直し再構築する必要がある。

まずインベストメントバンクにおいて重要な機能であるリサーチ部門については，業務のあり方を見直すことが必要だ。大量のデータを用いた経済，市場，業界や企業分析やリサーチは，もはやジュニアバンカーの頭の体操や力作業ではなく，ChatGPTといった生成AIを活用し，機械化を推し進める必要がある。最終的には人のレビューが必要なものではあるが，そのドラフト作成の機械化は阻むものがない（情報ソースの正確性や情報漏洩といったデータセキュリティの課題を除く）。アナリストは人との面談やコミュニケーションからしか読み取れない定性的な情報，非公開情報の取得といった，デジタル化が困難な，人でしかできない業務領域にシフトさせなければならない。

リサーチ部門の情報発信の仕方も同じだ。すでに欧米では進んでいることではあるが，リサーチレポートはPDFから音声や画像といったメディアへの変換を図り，またそのアクセスもウェブサイトから，スマートフォンアプリのようなプッシュ型のモデルに変える必要があると考える。加えて，過去の取引履歴やアクセスしたリサーチレポートの実績や電子化された過去の電話による会話の内容から，その市況との相関性も踏まえ，顧客の趣向に合った各種リサーチやパーソナライズされた情報を提供するプラットフォームの構築は急務である。

市場部門については，欧米で先行している電子取引プラットフォームやDMA（Direct Market Access）は，これまで日本では業界や投資家側のスローペースなDXも相まってそれほど進んでこなかったが，10年後に向けてはフロープロダクト取引の合理化，ロータッチ化を推し進める必要がある。

また図表2-22のような業務については，テクノロジーによる自動化をより

図表2-22　自動化が想定される業務

領域	自動化される業務
フロントオフィス	・各市場，商品間のアービトラージ ・売買注文のマッチング ・プライシング，エグゼキューション ・リスク値をもとにしたアセットアロケーション
ミドルオフィス	・リスクデータ収集 ・市場リスク／信用リスク計算 ・リスクアペタイトのモニタリング ・マーケットショックのシミュレーション
バックオフィス	・不正トランザクションの監視 ・担保管理 ・コンファメーション

スピーディーに行い，人的リソースはより付加価値の高い業務にシフトさせるよう，促さなければならない。

　投資銀行部門についても，リサーチ部門と同様に産業や事業に関わるAIによるデータ分析や最適解提案を活かし，スキーム検討やピッチブックの作成等は非人工化を進めるべきである（**図表2-23**参照）。バンカーは，法人顧客のトップシニアとの友好なリレーションに基づいた顧客のプライベートサイドの情報（インサイダー情報を含む）の獲得や顧客折衝によりフォーカスするようにしなければならない。

　なお，デジタル化が重要な一方で，金融機関として留意しなければならないのは，顧客への説明責任である。テクノロジーがどこまで進化しても，顧客へ提供される情報の最終的な説明責任は人にある。AIが人間の知恵を超えるシンギュラリティの世界が仮にきたとしても，顧客への説明が「AIが出した結論だから」という説明は通らない。現在ブラックボックス化が課題となっているAIについても，そのグラスボックス化といった「信頼されるAI」への取組みも重要である。

| 図表2-23 | 投資銀行業務のフローにおけるデジタル化の可能性 |

	1. 顧客ニーズ把握	2. 初期検討・提案	3. ソーシング	4. エグゼキューション	5. フォローアップ
担当	カバレッジ	カバレッジ・プロダクト	カバレッジ・プロダクト	プロダクト・カバレッジ	カバレッジ
内容	• 集約された過去資金調達データをもとに，AIによるロングリストの作成	• 顧客に合わせた提案書の自動生成 • 顧客別の傾向とアポイントメント率の高いスクリプトをバンカーへ還元 • バンカーはシステムへ営業行動・結果を入力	• マンデートを獲得した案件のチームを組成	• 案件内での報告書やバリュエーション結果をバンカーへ還元し，エグゼキューションを効率化	• ディール完遂後のフォローをカバレッジバンカーが実施
活用テクノロジーの例	顧客データ分析基盤	生成AI		案件実績DB	

<グローバルビジネスやデジタル化を支える人材の育成やリスキリング>

　事業のグローバル化を推進できるグローバル人材や，戦略のシフトや新たな事業の構築を支えるいわゆるDX人材の育成は急務である。日本国内のみならず，大きな欧米市場や成長著しいアジア市場でも活躍できる人材の育成は，金融機関の国際競争力の強化には避けては通れない。従業員のOJT，トレーニングプログラムや典型的な国内キャリアトラックを超えた，新たな人材育成プログラムやキャリアプラン，またそれがサステナブルに回り，従業員エンゲージメントを高める施策を検討し定めるべきである。

　シニア人材のリスキリングも忘れてはならない。労働市場の賃金高騰が進む10年後の世界においては，シニアな働き手のリスキリングによる有効な労働力の確保やそれに向けた準備や施策を推し進める必要がある。

② 激変シナリオ

　<サステナブルな事業としての限界>

　何らかの理由で日本の資金循環が停滞し，インベストメントバンキング事業そのものに対する，国家的・社会的もしくは産業的な視点から，サステナブル

な単体事業としての地位が低下する場合，インベストメントバンキングを中心に事業を営む金融機関は，事業ドメインの外の枠組みを含めた事業の多角化をさらにスピーディーに推進する必要がある。先行している海外をたとえれば，米国の独立系インベストメントバンクによる商業銀行ビジネスへの参入やウェルスマネジメントやアセットマネジメントへの強化といった施策がそれに当たる。日本の独立系インベストメントバンクも，商業銀行やアセットマネジメント等のより安定的なビジネス領域への拡大にすでに着手していることから，ある程度この世界観は業界としては織り込み済みと考えられる。

<オペレーティングモデルの大転換（テクノロジーカンパニー化，横連携およびシェアード）>

　先行投資余力のある大手インベストメントバンクは，Web3に代表されるような非中央集権的テクノロジーや生成AIを中心としたAIの活用を強烈に推し進め，インベストメントバンクにおける事務処理やバックオフィス業務，顧客接点やリサーチ業務を抜本的に見直し，人的作業の観点から超軽量化を目指すことも検討すべきである。そういった未来を見据えたデジタルカンパニー化に向けた先行投資型のテクノロジー投資を進め，スケイラビリティの低い人海戦術モデルからテクノロジーを駆使したスケイラビリティの高いオペレーティングモデルへの転換を推し進める必要がある。

　また，インベストメントバンクの付加価値を追求する中で，特に市況環境の難しい局面においてのサステナブルなオペレーティングモデルを模索する中で，競争力のない領域の業務については，業態としての横連携やシェアード化を模索する必要がある。

*

　直接金融における資金流動性の供給者として，発行市場と流通市場を通じて，資金需要者に企業や個人の余剰資金を行き渡らせることで，経済や産業の発展に貢献する，インベストメントバンキングの存在意義は今後も薄れることはないであろう。今後10年のさらなる成長に向けた事業戦略やビジネスモデルの再考にあたり，上記を参考にされたい。

第 3 章

ペイメント業界の
目指す方向性

第1節 **ペイメント業界の将来**

（1）ペイメント業界の主なトレンド

① キャッシュレス決済の継続的な拡大

　日本におけるキャッシュレス決済は拡大を続けている。消費税増税のタイミングで消費刺激策として政府主導で実施された2019年のポイント還元制度や，コロナ禍におけるオンライン決済の拡大の影響も後押しとなり，経済産業省の発表によれば，2019年のキャッシュレス比率は26.8％だったものが，2022年は36.0％に達し，金額では初めて100兆円の大台を超えた（**図表3-1**）。2020年7月に閣議決定された「成長戦略フォローアップ」の中で，政府は2025年6月

図表3-1 **わが国のキャッシュレス決済額および比率の推移（2022年）**

経済産業省の発表では，日本のキャッシュレス決済は初めて100兆円を超え，
クレジットカードが全体の約85％を占めている

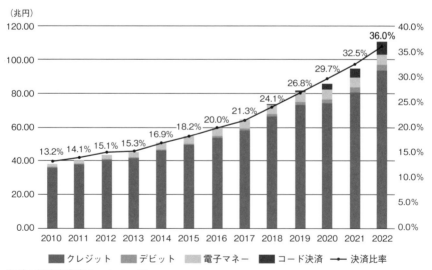

出所：経済産業省ホームページ
（https://www.meti.go.jp/press/2023/04/20230406002/20230406002.html）

までにキャッシュレス比率を4割程度に引き上げることを目指すとしている。現状クレジットカードは3億枚，コード決済も5,500万人（PayPayの利用者）以上が利用しており，使える加盟店のさらなる拡がりと，消費者におけるキャッシュレスの利用習慣の定着により，この目標は達成されそうな勢いである。

　一方で，キャッシュレス決済は社会全体に一様に広がっているのではなく，利用者の年代，支払単価，店舗業種によって広がりにばらつきがみられる。昨年度（令和4年度）に経済産業省が実施した「キャッシュレスの将来像に関する検討会」の報告書によると，年代でみれば20代，支払単価でみれば1,000円以下の低単価帯，業種でみれば病院・医院や小規模飲食店におけるキャッシュレス比率が相対的に低いことが示されている（**図表3-2**）。また，同報告書には，これらの領域では，コード決済が中心となってキャッシュレス化が広がっていることが示されており，近年伸びが大きいコード決済がクレジットカードや電子マネーだけではカバーしきれなかった部分にフィットし，キャッシュレ

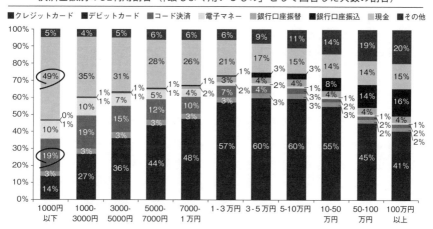

図表3-2　決済単価別の最もよく使われる支払手段

◎低単価決済ほどCL比率が低下。1,000円以下のCL決済では，49％の人が「主に現金で支払う」と回答。また1,000円以下のCL決済ではコード決済が最もよく使われている

決済金額別のCL利用割合（「最もよく用いるもの」として回答した人数の割合）

※その他には，個品割賦やローン等が含まれると思われる

出所：経済産業省「キャッシュレスの将来像に関する検討会（概要版）」

スの拡がりに大きな役割を果たしていることが読み取れる。

　なお，上述の報告書では，抽象的・象徴的な目標として，将来的には「誰もが現金を持ち歩かずに生活が完結する社会」を目指すとされている。現金（紙や硬貨）が世の中から完全になくなることはないと思われるが，キャッシュレスが広がる中で，少なくとも日常生活において現金を持たずとも買い物や支払ができる世界というのは，比較的近い将来に実現するのではないかと思われる。

②　デジタル化されたサービスへの決済機能の「溶け込み」

　キャッシュレス決済は「決済のデジタル化」と捉えることができる。リアル／デジタルそれぞれの支払の場面で，物理的な紙幣／硬貨のやり取りが不要になり，デジタル化されたより簡便な方法で支払ができるようになる。例えば，店舗での支払シーンにおいては，キャッシュレス化により，「財布から現金を取り出し，おつりとして小銭を受け取る」という面倒なやり取りが不要となる。さらに最近では，電子マネーだけでなく，クレジットカードでも「タッチ決済」が広がり，店舗における支払における面倒さ（フリクション）はますます少なくなってきた。

　また，オンライン決済では，オンラインコマースのサイトに自身のカード情報を登録しておけば，決済のたびにカード番号を入力する手間は不要となり，セキュリティコードという3〜4桁の番号，あるいは暗証番号を入力するだけで買い物ができることが多い。さらに，モバイルアプリやモバイルウォレットなど様々なデジタルサービスの中に決済機能が組み込まれ，利用者が購入したいと思ったその時に，面倒な操作が必要なく取引を完了させることができるようなサービスが広がっている。

　このように決済がデジタル化することで，様々なサービスの中に決済機能が溶け込んで（エンベッドされて）いき，支払の意思のある利用者が支払手続を意識しなくとも決済が完了できるようになってきている。

　なお，キャッシュレスとデジタル化の関係については，前述の「キャッシュレスの将来像に関する検討会」の報告書においても，将来の目指す姿として「決済のフルデジタル化」が提唱されており，社会全体のデジタル化が進む中で，キャッシュレスは重要な役割を果たすことが記されている。

③　経済圏を有する決済事業者の躍進

　モニターデロイトの分析によれば，直近5年間でのクレジットカード会員数の伸びは日本全体で年率4％程度であるが，「経済圏」（いわゆる「エコシステム」）の中に組み込まれた決済手段の伸びが著しい。ここでいう「経済圏」としては，中心となるポイントの名称別に，楽天ポイント，dポイント，au WALLETポイント（Pontaと統合），PayPayポイント，WAONポイント，そして昨年統合が発表されたTポイントとVポイントという6つが主要なものして挙げられるが，それ以外にも経済圏が多数存在する。

　経済圏が活性化するには，①顧客会員基盤（共通ID）と②日常的な顧客接点（ネット／リアル）を持ち，③ポイントをフックとして相互送客／経済圏消費を刺激しながら，④購買データを活用してその効率を高めることが重要と考える。この中で「決済」は，顧客IDと紐付いた形で個人に提供され（上記①），支払における顧客接点となり（上記②），経済圏の内部はもちろん外部の買い物よっても「ポイント」を生み出し（上記③），また購買データを生み出す（上記④）機能を持っており，事業者視点で見たときに経済圏を活性化させるための重要な役割を担っている。

　さらに利用者にとっても，買い物でポイントが溜まり，それを次の買い物に使えるのは大きな魅力となる。様々な消費者調査においても，クレジットカード等の決済手段を選択するときの判断基準として，付与されるポイントの多さを上げる人が多い，ということが示されている[1]。経済圏に紐付く決済手段が大きく伸びているのは，消費者が利得性の高い決済手段を選択した当然の結果だといえる。

④　不正利用の増加

　キャッシュレス決済の増加に伴い，近年，不正利用の被害が増加している。特に最近はフィッシング詐欺等によって流失したカード番号を不正利用した，非対面取引（オンライン決済）での不正利用被害が増加している。（一社）日本クレジット協会の発表によれば2022年のキャッシュレスの不正利用金額は

1　例えば，ウェブスターマーケティング㈱「【クレジットカードを選ぶ決め手は？】男女500人アンケート調査」など。

436億円となり，キャッシュレス取扱金額の約0.05％を占めている。割合で見るとそれほど大きくはないが，業界全体として400億円を超える損失が発生しているという事実は看過できない状況になってきている。

　不正利用対策は日本だけの問題ではく，世界各国の課題となっている。グローバルでは，生体認証・行動認証・AI等を用いた取引の自動検知など，セキュリティに関する技術開発が進んでおり，国際ブランドからベンチャー企業まで，様々な企業が安全性を高めるためのソリューションを提供している。

　これらのセキュリティ対策は，カード会社などの決済事業者に一定のコスト負担を強いるものとなるが，不正利用による損失は，加盟店およびカード会社にとって大きな損失負担となることを考えると，キャッシュレスの広がりに合わせて不正利用額が広がっている今，抜本的な不正利用対策を行うことは，カード会社にとって必要な取組みだと考える。

　なお，不正利用対策を行う際に，不正利用の攻撃は日本からだけでなく海外からも起こることを考えると，グローバル先進事例の積極導入や，グローバルプレーヤーとの連携が重要になる。その意味で，世界の動きから少し遅れたものの，世界中で導入が進んでいるEMV-3Dセキュア（あるいは3Dセキュア2.0）と呼ばれるオンラインショッピングにおける次世代の不正利用対策の導入が日本でも義務付けられるようになったのは，一定の効果を生む取組みであると評価できる。

⑤　業界全体の費用構造（手数料構造）の透明化

　2022年11月に，公正取引員会および経済産業省の主導により，一部国際ブランドのインターチェンジ標準料率（以降IRFと略す）が公開された。実はIRFは日本以外の多くの国々では以前より公開されてきたものであるが，日本においてはこれまで非公開となっていた。

　IRFは，「4パーティーモデル」と呼ばれるクレジットカードの取引スキームにおいてアクワイアラからイシュアに支払われる手数料率を指しており，アクワイアラが加盟店に付与する加盟店手数料（以降MDR：Merchant Discount Rateと略す）の「原価」に相当するものである。それゆえ，IRFの公開は業界全体の手数料率の透明性を高めるという観点で画期的な施策であるといえる。

　ただし，IRFが公開されればすぐにMDRが下がるかというと，そのような単純なストーリーではないことに留意が必要である。もちろん，IRFの公開がMDRの引下げにまったく効果がないわけではなく，IRFが公開されたことでMDRの原価が明らかになり，加盟店からアクワイアラへの交渉が行いやすくなるなど，一定の下げ圧力を生み出す。一方で，例えば大手の加盟店では加盟店側の交渉力が強く，アクワイアラとの交渉により，もともとIRFの水準ギリギリか場合によってはIRFより低い水準で（アクワイアラとしては赤字で）MDRが設定されている場合もあり，そのような場合ではIRFの公開によって即座にMDRが下がるわけでない。

　また，MDRを下げるためにその原価となるIRFを引き下げればよいという指摘もあるが，IRFはイシュアの収入に直接的に影響を与える因子であるため，IRFの引下げはイシュアの収益を悪化させる。日本ではカード利用者に対して0.5％～１％程度のポイントを還元することが通例となっており，カード発行事業には一定のコストがかかっている。さらに，日本では年会費無料のカードが多いことや，イシュアの収益源となるファイナンス利用（リボ払いやキャッシング）の利用が多くはない。これらを踏まえると，IRF引下げによってイシュア収入が下がることで，ポイント発行等のコストが賄えなくなり，上記のような消費者メリットの提供を継続できなくなることも考えられる。このような事態となると，国全体としてのキャッシュレスの利用拡大にも水を差す要因となりうる。

　なお，IRFが公開されると国際ブランドの間で競争が起こるためIRFが下がるという意見も見られるが，上記の構造を踏まえると，これも少し短絡的な見方となる。カード発行に際してどの国際ブランドを採用するかはカード会社（イシュア）に決定権限があり，イシュアの立場からすると，収益性を高めるためにはIRFが高いブランドのカードをより多く発行したいというのが本音である。つまり，国際ブランドIRFを下げることはイシュアでの当該ブランド採用率を下げることにつながるリスクがある。もとより，国際ブランドはIRF自体からは一切の収益を得ておらず，カードの発行や取扱金額等からの手数料が重要な収益であるため，国際ブランドとしては，IRFを積極的に下げるインセンティブが働かない。

　いずれにせよ，IRFは上記のような複雑な利害関係を考慮しつつ国際ブランドが「イシュアとアクワイアラ間の収益配分のルール」として慎重かつ公正に決定すべきものである。その将来的な動向を簡単に見通すことはできないが，今後の動きを注視しておく必要がある。

⑥　企業間決済における革新

　アメリカン・エキスプレスが2022年に公表したレポート[2]によると，企業間で利用している決済方法（取引先への支払）は銀行振込が主流で，94％の企業が銀行振込を採用している。次いで現金が42％，口座振替が41％，手形・小切手が39％となっている。一方で，クレジットカード決済を採用しているのは20％とあまり普及していない。

　企業間決済におけるクレジットカード決済については，これまで大企業を中心に「コーポレートカード」として導入され，社員の旅費や飲食代の決済に使われてきた。近年は企業向けのクラウドサービスの増加やデジタル広告の増加により，これらの経費支払にカードを使う機会が増えてきたが，実態としては上記数値のように拡がりは不十分である。

　企業間決済においてカード決済が広がらないのは，2つの要因があると考えている。1つ目の要因は，カード決済を受け付ける売り手企業（加盟店）の少なさである。もう1つの要因は，中小企業に対して企業間取引に必要な与信額の法人カードを発行できるカード会社が少なく，法人カード自体が十分に広がっていないことである。

　前者の加盟店の少なさについては，そもそもカード決済における手数料ビジネスモデルが，これまでの企業の取引商習慣に合致していないことが主原因と考えられる。すなわち，銀行振込を始めとする従来の企業間取引では，代金入金の手数料を負うのは買い手側である一方で，カード決済の手数料ビジネスモデルでは，売り手側が手数料を負担することになる。これでは，企業向けクラウドサービスなど，その出自からオンライン決済を受け付けてきた業界を除いて，カード決済を受け付ける売り手企業が広がらないもの当然である。

2　アメリカン・エキスプレス・インターナショナル，Inc.「企業間決済白書2022」（https://www.americanexpress.com/content/dam/amex/jp/merchant/pdfs/Final_B2B_White-Paper_2022.pdf）

　なお，売り手側にも，カード決済を受け付けることで，買い手（新規取引先）の与信審査が不要となる，請求書と突合した入金確認が不要となる，未入金時の督促が不要となる，支払遅延のリスクが減るなど，多くのメリットは存在する。しかしながら，これらメリットがあるにもかかわらずこれまでカード決済が広がらなかったことを踏まえると，これまでは売り手側の「手数料を負担する」ということへの抵抗が非常に大きかったことが窺える。

　売り手が手数料を負担するという課題に対して，従来の商習慣にあわせて買い手側が手数料負担を行う取引スキームが，近年国際ブランドから提唱され始めた[3]。実際に，このスキームの適用例として，カード支払を受け付けていない相手先に対してもカード支払ができるサービスが次々と登場している。

　「誰が手数料を負担するか」という問題は解決できたとしても，次に「どれだけ手数料を負担するか」という問題が発生する。手数料水準に関しては，現状では単なる決済手段として見た場合には銀行振込に対して高い。しかし，買い手から見ればカード払いにすることで資金繰りが改善するメリットがあり，その利点を含めて理解されれば，企業間決済にカードが広がる可能性があると考える。例えばカード払いによって，銀行振込よりも1か月間支払期限を延長することができれば，その分，資金繰りに余裕が発生し，理想的にはその余剰資金の金利相当分が買い手側の経済的メリットとして認識される。特に，資金繰りが厳しい小規模かつ成長企業にとっては，このメリットは大きい。

　次に，後者の法人カードの広がりの不十分さについては，ロングテールの中小企業に対して，カード会社が営業担当を付けて対応することが難しいこと，また企業間取引に必要な与信額を設定することが難しいことなどが課題として挙げられる。近年ではスタートアップや中小企業に特化し，オンラインの申込み手続のみで審査を実施して法人カードを発行する企業が登場するなど，状況に一定の変化が見られる。例えばFintechスタートアップのUPSIDER社は，主に未上場の成長企業を対象に，最大1億円以上の与信額を付与できる法人カードを発行している。申込みや利用明細発行等はすべてWeb上で完結しており，2023年2月時点で導入企業は15,000社を超え，累積決済額も1,000億円を超過し

3　VISAはBPSP，MastercardはBPAPとそれぞれ異なる名称で呼んでいる。

ている。しかし，依然としてカード会社の多くは，個人事業主向けの小規模な与信額のカードは発行していたとしても，中小企業に対して，企業間取引に必要な数千万円規模の与信を付与したカードが発行できていないのが実情である。

（2）ペイメント業界の将来動向

前項で述べた業界トレンドを踏まえて，ペイメント業界に将来起こりうると考えられることを3つ紹介したい。

① 決済の「コストセンター」化と経済圏を持つ事業者の独り勝ち

IRFの公開に端を発してMDRあるいはIRFの引下げがどの程度進むかは上述のように不透明であるが，MDRやIRFが欧米豪並みに1％以下の水準にまで低下するシナリオが考えられる。この場合，カード決済のトランザクションそのものからは，アクワイアラもイシュアも大きな収益を得ることができなくなる。海外では決済に付随したファイナンス機能（リボルビングやキャッシング）によって一定のイシュア収益を確保できるモデルが定着しているが，日本では，文化的に借金に対する心理的な抵抗が大きく，これらファイナンス収益を短期的に伸ばすのは難しいと考える。

そうすると，このようなシナリオとなった場合は，決済は利益を生まない「コストセンター」となり，決済単独では事業として成立しないことになる。消費者に対してまったくポイントを還元しない年会費有料のカードを提供すれば事業として採算は成り立つが，消費者がそのようなカードを積極的に利用するとは思えない。

一方で，前述の「経済圏」に組み込まれた決済であれば，ポイント発行原資やカード発行費用のコストを経済圏全体で負担することが可能となる。すなわち，決済によって経済圏に囲い込んだ消費者が決済以外の他の事業で消費を増やしてもらえれば，経済圏全体では収益を上げることができる。

このように，MDRやIRFが欧米豪並みに低下するシナリオでは，経済圏に組み込まれた決済事業者しか決済事業を提供できなくなり，結果としてカード会社の淘汰や合従連衡が一気に進むと考えられる。

②　自社の得意領域に特化した水平分業モデルの拡大

　現状では多くのカード会社が，顧客接点・商品開発・オペレーション・基幹システムなどのすべての機能を自社で保有しており，いわゆる「垂直統合型」の事業モデルを採用している。カード会社の中には，いわゆる「提携カード」のスキームで，他のカード会社と提携しながら，自身は顧客接点や商品開発などに特化して事業を行っている企業も存在するが，国際ブランドからカード発行に関するライセンスを付与されている事業者（いわゆる「プリンシパルメンバー」）は，すべての機能を自社で保有していることが多い。それらのカード会社だけでも日本には20社以上存在する。

　過去何十年間，クレジットカードの取扱高が毎年成長してきた中では，各社ともこのような垂直統合的な事業モデルを構築し維持することができたが，今後成長が鈍化する局面では，コスト負担の大きい垂直統合的な事業モデルの維持が難しくなることが想定される。とりわけ，決済の基幹システム（プロセッシング）に関しては，中堅規模のカード会社が自前で持ち続けることは効率が悪い。数社のカード会社が連携してシステムを共同利用する取組みがすでに一部では行われているが，今後の成長鈍化局面では，そのような動きが加速すると思われる。さらに，自社ではカード発行を行わず，システムを他社に提供する（いわゆる「BINスポンサー」モデルになる）ことに特化するような会社も現れると思われる。例えば米国企業のMarqeta（マルケタ）は，BINスポンサーであるSutton Bankと提携して国際ブランドクレジットカードのプロセッシングシステムを構築し，クレジットカードを発行したい企業（多くはFintechスタートアップ）に対してオープンAPIを提供し，比較的短期間かつ安価にクレジットカードを発行できる仕組みを提供している。例えばBNPL（Buy Now Pay Later）のグローバル大手企業のAffirm, Klana, Afterpayの3社はいずれもMarqetaのサービスを活用している。

　事業環境や収益性が悪化した場合に，自社の事業領域やポジショニングを再定義することは，事業トランスフォーメーションの重要な手法である。もちろん，それにより組織として必要となる能力が変化し，それによって人員の再配置や，事業者間での譲渡や統合も必要となるが，そのような一定の痛みも伴う改革を伴いながら，自社の強みや特徴に特化した決済事業者が今後現れてく

ると考えられる。

③　企業間決済におけるカード支払の急速な拡大

　カード会社各社とも，カード決済における「ラストフロンティア」と呼ばれる企業間決済に注目している。今後，上述のように消費者向け決済事業での収益確保が難しくなる中で，企業間決済でカード決済が急速に拡大するシナリオも考えられる。

　銀行振込に対するカード支払のメリットは，カード支払が「決済」である（＝取引を完結できる）ことである。銀行振込は「送金」すなわち「為替取引」であり，売り手が着金の確認（請求書に対する入金確認）を行わない限り取引は終了しない。一方で，カード支払は「決済」手段であるため，買い手がカードで支払ったことで取引が完結し，売り手企業は個別の請求に対する入金確認を行う必要はない。このことで，売り手企業の業務が大幅に簡略化されるメリットがある。さらに，売り手事業にとっては，新規取引先の与信が不要となること，あるいは入金遅延のリスクがなくなることのメリットもある。

　企業間決済が広がる前提としては，前述したように，手数料を買い手（カード利用者）負担として，従来の決済商習慣に合致するようにサービスを設計する必要がある。現在，提供されている法人クレジットカードは，決済締めから支払まで30〜45日程度の猶予が設定されている。企業間決済の場合，この支払期日の延長により資金繰りが改善するメリットがあるため，その価値に相当する金利分を手数料として徴収することに合理性はある。

　一方で，資金繰りに比較的余裕がある企業にとっては，期限の延長は不要だがカード決済のメリットを享受するために，手数料を銀行振込並みに下げてほしいというニーズは存在する。この場合は，企業がカード決済を行うと同時に口座から代金を引き落とされるカード，つまり法人向けデビットカードを発行することで対応が可能となる（なお，デビットカードは銀行しか発行できない）。

　なお，企業間決済においては，決済からの手数料収入そのもので儲けるという発想ではなく，決済から得られるデータを活用しながら，決済を組み込んだファイナンス（融資）ソリューションあるいは業務改善ソリューションを提供

し，収益性を確保する考え方が重要となる。この点の詳細は次節で述べることとする。

第2節 ペイメント業界が今後取り組むべき方向性

　前節で述べた現在のトレンドと将来動向を踏まえて，消費者向け決済，法人向け決済，および両者にまたがるテーマとしてデータ利活用の3つの領域について，今後取り組むべき方向性を示したい。

（1）消費者向け決済ビジネス

　消費者向け決済については，前節でも議論したように，今後加盟店手数料やIRFが低下する可能性がある中で，決済そのものからの収益化が困難となると予想される。そのため，決済を組み込んだ経済圏を構築して経済圏全体で収益を確保すること，また経済圏の中で決済の役割を再定義し，その役割を磨き上げることが必要となる。

　具体的には，決済から生み出される「ポイント（経済メリット）」と「データ」を活用して，消費者が経済圏の中で回遊する（複数のサービスを利用する）ための役割を決済が果たすよう，商品性の見直しが必要となる。例えば，その消費者にどの程度のポイントを付与するのが最適なのかを，決済データや経済圏における行動データを活用しながらリアルタイムに判断していくことなどが重要となる。

　なお，ここまで述べてきた「経済圏」は不特定多数のマス向けに設計されていることが多いが，このようなマス向け経済圏ではなく，決済機能を活用することで顧客ターゲットを絞り込んだニッチな経済圏を構築することも可能である。このような経済圏では，より多く決済をした人に，ポイント等の経済的なメリットではなく，その特定の顧客層にとって重要な「特別な体験」を提供することが重要となる（**図表3-3**）。例えば，クレジットカードを活用したファンエコノミーを形成し，カードを利用するほど自分の「推し」の相手を応援できるような仕組みを提供している事業者も存在する。例えばナッジ株式会社（Nudge）は，「推しを応援できる」クレジットカードを発行しており，カード利用者が提携先（Nudgeでは「クラブ」と呼んでいる）となっている芸能人・

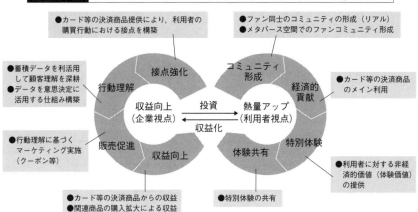

図表3-3　非経済的メリットを軸とした「ファンエコノミー」の構築

アーティスト・アニメ・ゲーム・スポーツクラブから自分の好きなものを選ぶ
と，カードを使うほどその提携先の応援につながり，利用者はその「クラブ」
の特別な体験やグッズを得ることができる仕組みを提供している。

　マス経済圏にせよニッチ経済圏にせよ，決済は顧客のロイヤリティを高める
ためのツールとして重要な役割を果たす。経済圏への貢献度の高い消費者には
より多くの利得性を付与することで，消費者と経済圏の結びつきをより強固に
することが可能である。より魅力的な利得が得られることでその決済手段をメ
インの手段として利用し，そこから得られたポイントを使って経済圏での消費
活動が増えることになる。さらに，事業者はそれにより多くのデータを獲得し
てその顧客向けに適したサービスを提供できるようになる。事業者と顧客との
間でよい循環が形成されるのである。

　なお，経済圏を構築することが難しい事業者については，業界全体が成長し
自社事業の収益性が確保できている間に，事業売却や領域／機能に特化した事
業への転換など，ビジネスモデルの再構築を検討する必要があると考える。前
節で議論したように，中小の決済事業者にとっては，システム，商品開発，顧
客接点などすべての機能を垂直統合的に自社で保有し続けることが困難になる。
自社の強みがどこにあるかを見極めながら，その領域に特化していくなどの経
営判断が必要である。

（2）法人向け決済ビジネス

　法人向け決済では，これまでは大企業を中心に出張旅費や会食費用等の支払で法人カードが利用されてきたが，今後は，「法人カードを利用する企業」および「利用できる用途」を両輪として広げていく必要がある。

　「利用する企業」に関しては，大企業だけでなく，中小企業やスタートアップ企業に対しても法人カードを広めることが必要である。この場合，これら企業に営業担当をつけて対応することは非効率であるので，個人向けカードと同じように，オンラインで申込みからカード発行まで完了できることが必要となるが，その際に課題となるのは与信である。個人向けカードの与信限度額はせいぜい数百万円だが，企業取引を対象とした法人カードであれば，数千万円〜数億円の与信限度額が必要となる。つまり，限られた企業情報と取引データをもとに，動的に与信額をコントロールするノウハウが必要となる。あるいは，銀行しか発行できないが，銀行口座から即時決済される法人デビットカードを発行して，与信リスクを回避することも有効な手段となる。

　また，「利用できる用途」を増やすためには，法人国際ブランドが提唱する新たなモデル（VISAのBPSPやMastercardのBPAP）を活用したサービスにより，手数料を買い手負担として，まずは法人カードが使える取引を増やすことが重要である（売り手がカード決済を受け付けていなくてもカード払いができるようにする）。これにより，従来は銀行振込で行われてきた取引に対しても，法人カードが使えるようになる。

　加えて本来的には，カード決済のビジネスモデル，すなわち売り手が手数料を負担するモデルの前提で，法人カードを受け付ける企業を開拓する継続的な取組みも必要である。前述したように，カード決済化することで売り手企業としても，①新規取引先に対する与信審査が不要，②個別取引の入金確認が不要，③未入金のリスクがない（入金督促が不要），④入金サイトが短くなる（ただしカード会社との取り決めによる）といったメリットが存在する。折しも，電子帳簿保存法の改正やインボイス制度の導入により，中小企業においても経理関連業務をデジタル化・効率化する気運が高まっている。このような時流の中でカード取引のメリットが以前よりも認識されやすくなってきている可能性が

あり，カード会社にとってのチャンスは大きいと考える。

　ただし，このように法人カードを拡大するにあたっては，単に決済機能だけを提供するのではなく，買い手企業・売り手企業の業務効率化につながる「ソリューション」として提供することが重要である。

　売り手企業のメリットは上述の①〜④のとおりであるが，買い手企業にとってもカード決済を導入するメリットがある。例えば，取引ごとに1件1件異なる「バーチャルカード番号（VCN）」を発行して，取引と決済とを容易に関連付けられるようにしたり，また1件1件の取引について，購買データに多様な付加データを紐付けて，業務の効率化や経営判断の高度化を図ったりすることができる。例えば，ある製造業企業がある部品の発注に法人カードを用いるとしよう。このときに，売り手企業が，買い手企業名・購入日・購入物品名・数量・金額といった情報以外に，発注元部門やその原価コード・製品単価などの付加データを紐付けて提供することによって，買い手企業はより簡便に原価計算ができるようになる。

　企業間決済は，業種ごとに取引の商習慣などが大きく異なる。例えば，建設，運輸，医療など，それぞれに企業間決済における課題が異なる。今後カード化を進める上では，それら業種ごとの個別課題を理解し，それに応じたソリューションを提供することが必要であり，個人向けカードの提供とは異なる組織能力がカード会社に求められる。新たな人材の獲得や外部パートナー企業との連携など，求められる組織能力の変化にも柔軟に対応することが必要である。

（3）決済データの利活用

　決済はコマース（商取引）を支える大事な社会インフラである。決済のデジタル化を進め，取引から得られるデータを社会全体で活用することは，消費者向け決済でも法人向け決済でも，今後ますます重要となる。

　決済データ利活用の重要性は従来から提唱されてきたが，実際に決済データを活用するにあたり，実務の現場ではいくつかの難しさがあった。1つ目は「データの中身」（いつ・どこで・いくら買ったかまではわかるが，何を買ったかがわからない），2つ目は「データの質」（加盟店マスターがカード会社ごと

にバラバラで加盟店の業種分類や住所データの精度が高くない），3つ目は
「個人の同意取得」（マーケティング目的で決済データを利用することや企業間
でデータ連携を行うにはデータ提供者である個人の明確な同意取得が必要であ
るが，これまでの利用規約においてはそれが取得できていないケースが多い）
である。その他にも，膨大な決済データを分析するためのインフラが不足して
いることや，分析データを意味のある形で分析できるケイパビリティが不足し
ていることも，よく聞かれる課題である。

　決済データは本来，消費者の行動を理解するために最も役に立つデータとな
る。なぜなら，こうしたいという「将来の意思」ではなく，様々な情報をもと
に購入すると判断した「行動の結果」だからである。例えばデジタル広告では
検索ワードによるターゲティングや，特定サイト訪問者へのターゲティングが
行われているが，これらのデータは特定の商品やサービスへの興味や関心は特
定できたとしても，実際にその消費を買ったかどうかはわからない。例えば海
外旅行に興味を持ってWebサイトを調べているだけの人と，実際に年に何回
も海外旅行に行く人では，マーケティング／ターゲティングにおいての重要性
がまったく異なる。

　さらに，決済データはマーケティング活動における「ゴール」，すなわちモ
ノやサービスの「購入（＝コンバージョン）」を測定できるものである。広告
やプロモーションが最終的に購買につながったのかどうかというデータは，
マーケターにとっては非常に重要なデータである。

　このように，決済データはマーケティング観点では非常に重要なデータとな
るはずのものが，現状では上記の課題から十分に活用できていない。これら課
題を解決する上では，決済データを「どのようにマネタイズしていくか」の議
論を深める必要がある。決済データからどのように価値ある情報を生み出すの
か，またその価値に対して対価を払う用途をどのように見つけるのかが重要で
あり，データをどのように生かしどのように儲けるのかの道筋，すなわち
「データ利活用のグランドデザイン」が明らかにならないと，各事業者は上記
の課題を解決するための投資，すなわち決済データの価値を高めて利活用を促
進するための投資を行うことができない。これまでデータ利活用が十分に進ま
なかったのは，このグランドデザインが欠如していたためであると考えている。

　決済データの儲けの道筋（グランドデザイン）を考える上では，「お金の出どころ（＝誰がお金を払うか）」を考えることが重要である。一般的には決済データは小売事業におけるマーケティングの高度化に活用できると考えられているが，実態としては日本の小売業は粗利率が低く，決済データ活用に対して十分な対価を払う意向を持つ事業はそれほど多くない。一方で，デジタル広告（インターネット広告）には年間3兆円を超えるお金が動いており[4]，さらに企業の販促／マーケティング活動にはその何倍ものお金が動いているといわれている。これらの活動に決済データを用いて広告のターゲティングの効率を高めることができれば，あるいは企業の販促／マーケティングの施策精度を高めることができれば，その価値の対価としてマネタイズも可能になると考える。

　最後となったが，マーケティング用途以外でも，決済データをマクロ統計として捉えて社会全体で活用する方向性もある。例えば，決済データを統計処理することで，準リアルタイムで社会全体の消費動向を捉えることが可能となる。このような形での決済データ利活用が広がれば，国や地方公共団体による政策実施効果を定量的にかつ短いリードタイムで評価することが可能であり，決済が実行性の高い政策立案に寄与できる可能性がある。

4　電通「2022年 日本の広告費」

第 4 章

保険業界の目指す
方向性

第1節 **保険産業の発展の歴史と事業モデル**

（1）保険産業が歴史的に果たしてきた役割

　経済活動においては，いくつもの「想定外」が存在する。時にその「想定外」は個人であれ企業であれ，また国家であれ，致命的な経済的損失をもたらし，経済活動から退場せざるを得ない状況に追い込んでいく。最近の例であればCOVID-19の拡大などが挙げられるであろう。猛威を振るった新型コロナは世界中で多くの経済活動を担っていた主体にダメージを与えてきた。こういった想定外が生じた場合に，経済的支援を行うことで経済活動から脱落しないようセーフティネットの機能や役割を果たしてきたのが「保険」という産業である。

　まずは保険が発達してきた歴史を振り返ってみたい。

① 損害保険の発展の歴史[1]

　損害保険の起源は諸説あるものの，個人間でなく金融業者を含めた組織的な保険契約が行われたのは15世紀の大航海時代といわれている。海上貿易を通じた香辛料の獲得はリターンが大きい一方で，遠洋航海であるがゆえに途中で海難に遭遇し船や積み荷を失うリスクは常に付きまとっていた。かかる状況においても海上貿易への参画・挑戦を後押しするために，航海が失敗したときは金融業者が積荷の代金を支払い，航海が成功したときには金融業者に手数料を支払うという仕組みが生み出された。これが海上保険の原点であり，近代の損害保険の原点ともいわれている。一見，博打のようにも見えるが，金融業者がリスクを抱える人達と資本を集め，その資本の範囲でリスクテイクを行うことで収益を得るという保険という事業の原型ができ上がったのである。

　海上保険の次に生み出された保険は，1666年9月のロンドンの大火をきっかけとする火災保険である。パン屋のかまどから燃え広がったといわれる炎は4

---

1 （一社）日本損害保険協会ホームページ「そんぽの雑学「損害保険の歴史」」を参考にした。

日間にわたって燃え続け，ロンドン市内の家屋のおよそ85％が焼失するほど大規模なものであった。この事件をきっかけに世界初の火災保険会社「ファイア・オフィス」が創業され，過去の火災発生率と現在の建物数から保険料を設定するなど近代的な火災保険の原型ができ上がった。火災保険は，産業革命の進展とともに資本階級と労働階級の双方における財の形成と蓄積に応じて需要が急速に増え，各地に多くの火災保険会社が設立された。このころから蓄積された過去の発生率に基づき保険購入者の負担額を決めるというデータに基づくビジネスとしてのモデルを発展させてきた。また同時に，大数の法則を成り立たせるために広くシステムへの参加者を募るディストリビューション機能が発展してきたのも，このステージである。

　産業革命からほどなくし，1886年にはガソリン自動車が登場し，それに伴い自動車保険がイギリスで生まれる。当時は，自動車はまだ一般的に普及はしていなかったものの，自動車事故が及ぼす経済的損失は甚大であり人々にとって災難であった。その後，モータリゼーションの進展により，自動車の保有台数は大幅に拡大したことから，自動車保険の普及・発展により損害保険市場が飛躍的に成長することになる。このステージにおいて損害保険は大衆化され，また広く分散が効いた，かつ比較的毎年の損害額が大きくブレないリスクのリスクテイクが事業の根幹となったことで，資本の効率が高まり産業としては大きく発展することなる。保険会社は広く一般市民に普及させるために全国各地に販売ネットワークを張り巡らせてきた。同時にこの事業を行う上では各地に頻繁に起きる事故を適切に処理できる損害サービスネットワークが重要な機能として追加される。さらにロードサービスなどの付加的なサービスも拡充され，今の姿ができ上がっている。近年では，PL保険や，D&O保険（役員賠償責任保険），サイバー保険など，企業活動の国際化，多様化などにあわせ，様々な新しい保険が生まれてきた。

　これまでの歴史が示すとおり，常に損害保険は経済の発展を支える形で発展してきた。経済が持続的に成長するためには時に大きな構造転換が必要となるが，そのような新しいステージへ転換する過程においては大きなエネルギーが必要とされる。この大きなエネルギーは時にネガティブな作用を引き起こしてしまう。これらのネガティブな作用を緩和し，また復元するためのサポートの

152

役割を果たし，経済・社会の発展のためのインフラとして発展してきたのが損害保険ともいえる（**図表4-1参照**）。

② 生命保険の発展の歴史[2]

損害保険と同様に，生命保険の発展も社会および産業の発展の歴史とともにある。中世ヨーロッパで商人が同業者の組合を作り，冠婚葬祭などの費用を分担し合ったことが生命保険の起源といわれている。17世紀にはイギリスで牧師が葬儀費用や遺族の生活資金を共同で積み立てる制度が作られ，徐々に現代における生命保険制度の原型が形作られていった。ただし，参加者が年齢などによるリスクによらず同額を拠出する仕組みであったため，不公平であるという不満があったとされる。

年齢ごとの死亡率を統計し，リスクに応じた保険料負担を求めるという近代的な生命保険制度は，1762年にイギリスで設立されたエクイタブル生命が提供した商品をその発祥としている。エクイタブル生命は，天文学者エドモンド・ハリーが作成した人間の寿命の統計である「生命表」に基づき，リスクに応じた保険料を負担するという保険数理上の合理性を高めた制度であった。

こうして制度が発展していくにつれ，生命保険の認知と需要は高まっていった。ただし，これらの制度はあくまで資産家などの限られた人々が参加するものであった。

その大衆化は，産業革命により経済発展と所得増が進むと同時に大量の労働者が生まれ，また都市生活や労働における災害などのリスクが高まって生活防衛意識が強くなったことにより，急速に進展した。加えて，19世紀の後半になると生命保険商品の多様化が進み，中でも貯蓄性生命保険商品が登場し中産階級に広く普及したことで，生命保険会社の資産運用の側面が強化されていった。こうして契約者数と保有資産が拡大したことで，現代の生命保険会社の基本形が構築されていった。1900年頃には，イギリスにおける生命保険加入者は約3,000万人にも達したといわれている。

近代の歴史に目を移すと，ドイツを本拠とする大手アリアンツグループが

2　（一社）生命保険協会ホームページ「生命保険の基礎知識」を参考にした。

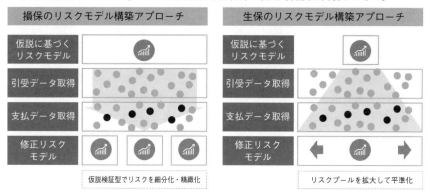

図表4-1　保険が果たしてきた役割

- 損害保険は常に経済の発展を支えるドライバーとなる産業が内包するリスクを仮説検証型のリスクモデルを用いて引き受け，復旧力を支えることで貢献。
- 生命保険は個々人の将来リスクへの備えに加え，異なるリスクプールでの負担のバランスをとる機能も担うことで，社会と生命保険業界自身の安定的発展を実現してきた。

損保のリスクモデル構築アプローチ	生保のリスクモデル構築アプローチ
仮説に基づくリスクモデル	仮説に基づくリスクモデル
引受データ取得	引受データ取得
支払データ取得	支払データ取得
修正リスクモデル	修正リスクモデル
仮説検証型でリスクを細分化・精緻化	リスクプールを拡大して平準化

1971年に資産運用会社PIMCOを設立し資産運用事業を本格化するとともに，金利の高まりを受けて1980年前後から貯蓄性生命保険商品のラインナップを充実させていったことなどをきっかけに，資産運用としての役割が注目されてマーケットに様々な貯蓄型，資産形成型の商品が拡充されていった。特に経済が成長ステージにあり資産形成ニーズが高まっていた新興国市場では，貯蓄性生命保険商品の販売が拡大し，生保保険普及のドライバーとなっていった。

　一方，日本においては1881年に生命保険会社が設立され，欧米の近代的な生命保険制度を手本に事業を開始した。当初，主に富裕層に向け死亡保障を提供し，死亡時の一時的な支出と収入の中断に対する備えとしての役割を果たしてきた。その後，1916年に簡易生命保険が設立され生命保険商品が小口化すると，大衆化が進展した。

　当初は死亡保障を中心としていた商品ラインナップは，時代の変遷とともに役割を拡大し，不慮の災害に対する備え，財産形成といった個人の生活や資産を複合的に支えるものに進化していった。加えて，老後の生活資金や財産の相続などのウェルスマネジメントの領域にもその役割を拡大した。

　現在の生命保険商品において，そのウェルスマネジメント領域と双璧を成し

ているのがヘルスマネジメントの領域である。この領域における生命保険の役
割は，1976年の「医療保険」の発売を契機としている。当初は脆弱な社会保障
機能の補完という色合いが強かったが，医療技術が高度化し平均寿命が延びる
中で生ずる，高額な治療費用や特別なケアに対応するための費用保障に軸足が
移っていった。

　ウェルスマネジメント，およびヘルスマネジメントの2つの領域は，個々人
の生活に内在する「将来リスク」を低減させるというコンテクストにおいて共
通の機能を持つ。生活の「豊かさ」が増すにつれ，その中で社会に期待される
将来リスクの低減という機能を，生命保険会社は商品と制度を高度化させるこ
とで果たしてきた。同時に，それを安定的かつ確実に提供し続ける上で必要と
なるリスクマネジメント力，資本力，アンダーライティング力など，適切なリ
スク引受けを実現するための仕組みを拡充させてきた。

　このように生命保険も，近代の資本主義経済の発展において重要な人々の生
活を支えるインフラとしての役割を果たしてきたといえる（**図表4-1**参照）。

（2）歴史的に磨かれてきた保険の事業モデル

　このような社会・経済のインフラとして発展してきた保険産業は，その発展
の歴史において「不確実性」をマネージする能力を培い，それを実践するため
の機能を磨いてきた。この産業が事業モデルの根幹として歴史的に培ってきた
機能・能力が以下の7つと考える（**図表4-2**参照）。

①　資本とリスクマネジメント

　保険事業を営むものでまず必須で求められるものが資本である。保険は本質
的にはリスクを抱えた者が相互に資金を供出し，不慮の事態に備えるものであ
る。別の観点からみると，保険は資本主義経済においてリスクを抱えきれない
主体のリスクを受け取り，自己資本も使いながら社会の余剰資本とそのリスク
を結びつけることで，リスクと資本の再分配機能を担ってきた。このリスクと
資本の再分配機能を果たす上で，自己に潤沢な資本があることは重要な要素で
ある。そして自分達が抱えているリスクにあわせてどれだけ資本が必要となる

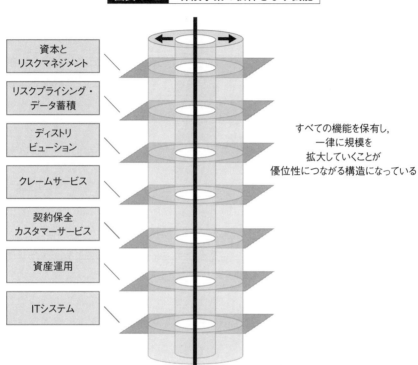

図表4-2　保険事業の根幹をなす機能

資本と
リスクマネジメント

リスクプライシング・
データ蓄積

ディストリ
ビューション

クレームサービス

契約保全
カスタマーサービス

資産運用

ITシステム

すべての機能を保有し，
一律に規模を
拡大していくことが
優位性につながる構造になっている

か，また併せて，自分達の資本でどれだけのリスクを抱えることができるのか
といった評価をする能力が必要となる。特に資本の有効活用が求められる資本
主義経済においては，単に潤沢に資本を集めればいいというわけではない。資
本の充足性と効率性という，一見相反する規律を求められながら，保険業界は
適切に抱えているリスクを評価し，自己の資本と他社の資本を組み合わせなが
ら最も効率性の高いバランスを見出すためのリスクと資本のマネジメントを5
世紀にわたり脈々と磨き挙げてきたのである。

②　リスクプライシング／アンダーライティングとデータの蓄積

　前述の資本とリスクマネジメントとともに，事業モデルの根幹として形成さ

れてきた機能がリスクプライシングとアンダーライティング，そしてそれを可能とするデータを蓄積する仕組みである。

　このリスクプライシング／アンダーライティングには大きく分けて2つの視点から進化してきている。1つは発生確率（Frequency）と発生した場合の損失の大きさ（Severity）である。この2つのパラメーターによって負担する保険料が定められる。保険業界は過去の損失などのデータを蓄積し，このパラメーターの予測精度を高めることでリスクプライシングの精度を高めており，これが他の産業にはない大きな財産となっている。もう1つの視点は，平等な保険料の負担という視点である。保険が大数の法則といわれる原理原則に基づいている以上，保険料は広く平等に分担されるべきである。しかしその平等という概念にもいくつか論点がある。明らかにリスクが高い人と低い人がいる場合，保険料負担がまったく同じであればリスクが低い人はそのシステムには参加しなくなってしまう。保険という商品がより多くの参加者が集まることで成り立つシステムである以上，保険料の分担についても多くの人が納得できるものでなければならない。わかりやすい例が生命保険において高齢になればなるほど保険料が上がる，あるいは自動車保険において事故を起こすと翌年から保険料が上がるといったシステムである。このような納得感のある保険料の分担方法もリスクプライシングにおいて重要な視点である。

　保険業界はこの2つの視点を長年にわたり自己の資本を有効活用しながらトライ&エラーで磨き上げてきた。これも保険業界が歴史的に培ってきた機能である。

③　集客とディストリビューション

　保険というシステムは，参加者をできるだけ多く集めれば集めるほど安定する。したがって，より多くの参加者を集めるための集客機能も根幹をなす機能の1つである。保険は日常生活の中で頻繁に登場する商材ではなく，多くの人にとっては縁遠い商材でもある。よって，その商材としての価値もなかなか一般消費者には理解が難しく，保険の検討・加入を顧客サイドで完結するケースは稀であり，基本的にはプッシュ型の有人チャネルが必要になる。保険会社は全国に有人チャネルのネットワークを張り巡らし，保険募集人のガバナンスを

含めて体制を整備することで，ユニバーサルサービスとしての保険を維持してきた。近年はオンラインも普及し，またエンベデッドといわれる組み込み型の保険も多く生まれてきた。しかし，依然としてその主力となっているのは，歴史的に築き上げ広く張り巡らせてきた有人のディストリビューションチャネルである。

④　クレームサービス（保険金支払）

　ディストリビューション機能と両輪をなして発達してきたのが，保険金の支払である。保険は基本的にはある特定の事象が起こった場合に生じてしまった経済的損失の補填であり，この点から，事象が起これば金銭を受け取れる博打やデリバティブとは一線を画すものとされている。つまり，ある事象が起こった場合，それによって実際にどのような損失が発生しているかを確認しなければならない。そのために必要とされてきたのが損害査定のネットワークであり，保険業界がディストリビューションチャネルと合わせて，クレームサービスも裾野を広く設定してきた経緯でもある。また，クレームサービスは保険の契約者が保険という商材を購入した価値を認識する貴重な機会でもある。クレームサービスにおいて満足してもらうとロイヤリティの高い顧客になる一方で，不満を感じさせてしまうと他社への流出につながるとされている。昨今，金融庁が掲げる「顧客本位の業務運営」の方針も相まって，各社は保険金支払時の体験向上に力を入れている。実際に2022年度にはコロナによって各社の支払体制が逼迫し，急拡大した支払請求への対応力が，顧客満足度の調査結果に直結する結果となっている。このような観点でもクレームサービス体制は，保険という事業の根幹を支えるとともに，保険会社にとって競争力の源泉となる重要な機能となっている。

⑤　契約保全・カスタマーサービス

　保険契約は加入してから，（更新などはあるものの）長ければ10年間を超える期間にもわたる契約である。よって，保険事業者は超長期の契約期間を通じて大量の顧客情報を適切に管理し，顧客ごとに適切なタイミングで適切なコミュニケーションを行う必要がある。また，保険はその特性上，加入時と保険

金の支払時以外はほとんど顧客と事業者の間で接点が発生しない商材でもあり，これまで保険会社は「顧客接点の高頻度化と，コミュニケーションタイミング・内容の最適化」に腐心し，分厚い人的リソースを割いて有人チャネルでの対応を進めてきた。また同時に顧客のニーズを喚起・特定してからは，エフォートレスにニーズを実現できる手段を確保することも重要であり，昨今ではデジタルを含めたマルチチャネルでの手続受付体制の構築が進んでいる。こうした超長期にわたる契約維持の仕組みやそのために必要なチャネル，重厚なインフラも保険事業をなす機能の一部である

⑥ 資産運用

　保険事業では，保険加入者から集めた資金を運用し，将来の保険金支払に備える。よって，もともと保険料には運用の予定利率が加味されて割り引かれており，事業者は契約者と約束した予定利率を下回らないよう資産運用を行う必要がある。運用にあたっては，将来の支払原資確保の観点から安定的なスタンスが求められ，さらには負債である保険契約の期間や性質なども加味しながら資産ポートフォリオをマッチングさせ，価格変動リスク・流動性リスク等のリスクも踏まえて統合的に管理し，経営リスクを軽減するノウハウが求められる。また，生命保険の貯蓄型・投資型の運用商品においては資産運用能力がそのまま商品開発力，差別化に直結する。多くの保険会社がグループ内に資産運用会社を有していることからも，この機能の重要性が窺われる。こういった資産運用のノウハウも，長期にわたり巨額の資産の運用実績を積み上げることで，磨き上げられてきた重要な機能の1つである。

⑦ ITシステム

　このように保険という事業モデルは，その発展の歴史においていくつもの機能を磨き上げてきており，これらの機能が複合的に絡み合うことで保険事業は有効に機能する。そして事業が大衆化し巨大化するにつれ，もはやマニュアルではコントロールできなくなり，IT化が重要な要素となってきた。増加し続ける大量の顧客データ・契約データを長期にわたり，厳格に管理するための基幹システムを軸に様々な業務システムを連携させて稼働させるという複雑かつ

重厚な構造となりながら業界独自の複雑性・堅牢性・確実性を実現できるIT
システムが事業上必須となる構造が発展してきた。もはや保険会社の競争力は
ITに依存するといっても過言ではないほど，ITシステムの機能としての重要
性は高まっている。

　これまで述べてきたように，近代の保険産業はその発展において，「不確実
性をマネージする」という難しい事業を持続的に発展させるための機能群を数
世紀にわたり磨き上げてきた。これらの機能・能力は一朝一夕には備えられず，
その確立には時に危機的な状況を乗り越え脈々と磨かれてきたノウハウが伴う。
また，これらの機能にはいずれも規模が優位性を生むという特性がある。結果
的に保険産業においては歴史が長く，規模を拡大させていったものが圧倒的に
優位になる。この産業に新規参入をしようとする者は斬新なアイデアだけでは
越えられない，いくつもの壁にぶつかってしまうため新規参入は容易ではない。
事実，グローバルな保険業界のトップ10の顔ぶれをみても100年以上変わって
いない名前が半分を超えている（**図表4-3**参照）。

図表4-3　世界の保険会社ランキング

2019	2015	2010	会社名	国	設立年	事業継続期間
1	10	—	Ping An Ins (Group) Co of China Ltd	China	1988	34
2	2	1	AXA S.A.	France	1816	206
3	6	10	China Life Insurance (Group) Company	China	1949	73
4	3	4	Allianz SE	Germany	1890	132
5	12	—	People's Ins Co (Group) of China Ltd	China	1949	73
6	4	2	Assicurazioni Generali S.p.A.	Italy	1831	191
7	8	12	State Farm Group	United States	1922	100
8	20	24	Berkshire Hathaway Inc.	United States	1839	183
9	14	7	Munich Reinsurance Company	Germany	1880	142
10	9	11	Nippon Life Insurance Company	Japan	1889	133

データソース：AM Best社「World's Largest Insurers」。米国において主に医療保険を提供
　　　する企業は除く。

　しかし，決してこれは保険業界の競争環境が緩いというわけではない。むし

ろ無形の商品であり，かつ何か不測の事態が生じた場合にはじめて価値が認識
されるという特性であるため，差別化が難しく競争環境は極めて厳しい産業と
いえる。さらに，自然災害，地政学，金利・為替・株価といった金融・資本市
場のリスクにも常に晒されており，その経営の舵取りはひと際難しい。これら
の難しい舵取りができる経験・知見と，時に訪れる危機的な状況であっても乗
り越えられる規模がある企業のみが勝ち残れる産業であったといえる。

第2節　保険産業に起こり始めている地殻変動

　ここまで，保険という産業について，数世紀にわたり歴史的に築き上げ，また磨き上げてきた機能によって支えられ，これらの機能は一朝一夕には習得できず，様々な苦難を乗り越えながら成長してきた伝統的なプレイヤーが優位性を誇る産業構造ができ上がってきた歴史と構造について述べてきた。しかし，盤石な機能が優位性を誇ってきた保険業界においても地殻変動の兆しが見え始めている。そのドライバーとなっているのは，デジタルテクノロジーの進化と，それに伴う産業や社会の変化である。ここからはこの地殻変動について述べていきたい。

　デジタルテクノロジーの進化によって，サービスとサービス，機能と機能の連携が容易となり，そのことは多くの機能が"密着"して初めて価値を創出する構造から，分立した各機能が"連携し合う"ことで価値を創出できる構造への転換をもたらした。そしてそれは産業全体のあり方にも影響を及ぼし，産業全体の流れが資本効率を高めるために分業，もしくは協創体制にシフトしている。資本投下により開発されたアセットから生み出すリターンを最大化するためには企業の枠を超えてそのアセットを活用するほうが望ましく，それを技術が可能にしている。結果的に，あらゆる産業資本効率の最大化を求めどんどん協業・分業体制にシフトしているのである。

　また，そういった産業の変化に伴い，社会のニーズも変化しつつある。様々な産業で機能の共有化が進んだ結果，製品そのものの性能や品質，あるいは価格で差別化することが難しくなり，そのような状況の中で人々の求めるものは「商品の機能的価値」から「商品やサービスを通じた一連の体験そのもの」にシフトしてきているのである。

　こうした変化は保険業界においても無縁なものではなく，従来の「規模」を競争力の源泉とし，1社ですべての機能を集約的に備えて事業を運営する垂直統合的，集約的なビジネスモデルへの圧力は強まりつつあり，大きな地殻変動の胎動が聞こえてきている。大きく分けるとその胎動は「機能の水平分業」「組み込みと拡張」「提供価値の個別化」の3つに集約される（**図表4-4**）。以

図表4-4　保険業界に起こり始める地殻変動

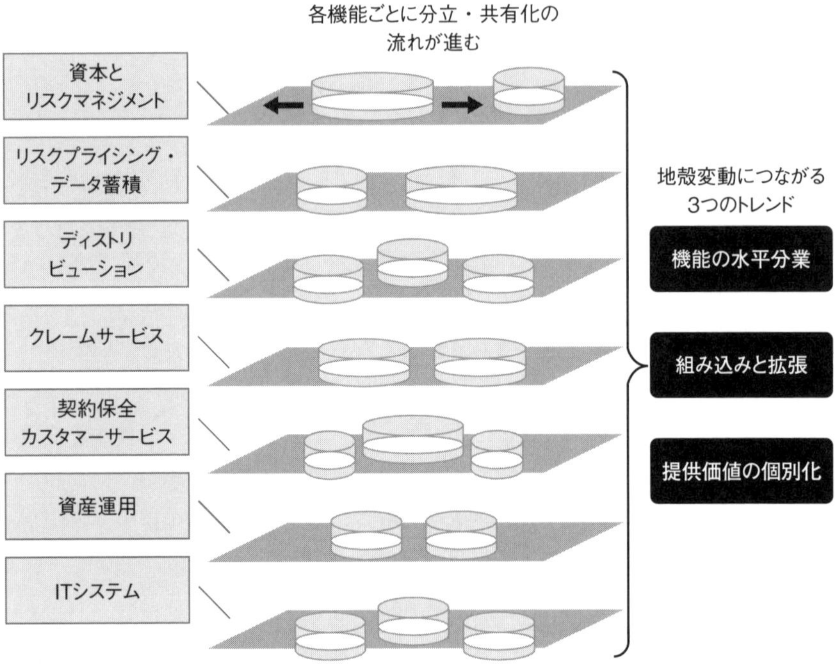

各機能ごとに分立・共有化の
流れが進む

資本と
リスクマネジメント

リスクプライシング・
データ蓄積

ディストリ
ビューション

クレームサービス

契約保全
カスタマーサービス

資産運用

ITシステム

地殻変動につながる
3つのトレンド

機能の水平分業

組み込みと拡張

提供価値の個別化

下に，これら3つのトレンドを詳述する。

（1）機能の水平分業

1つ目は，経済活動のコネクティビティが高まり，様々な機能は企業という枠を超えて活用され，資本の生産性を高めようという動きの中で，保険産業もこれまで数世紀にわたり築き上げてきた垂直統合型のモデルから水平分業へという変化が生まれている点である。これにはいくつかの背景要因がある。

まず，何よりも技術進化である。例えばIoTやAPI（アプリケーション・プログラミング・インターフェース）といった昨今のデジタルテクノロジーの進化によって，保険業界のような複雑なレガシーシステムであっても，情報を連携し機能分担を実現するようなミドルウェアがいくつも開発されている。

　また，技術の進化によってリスクの前提となる生活様式等が急速に変わり，あるいはその生活の様相をより詳細にセンシングすることが可能になったことで，保険業界がこれまで歴史的に築き上げた機能よりもより効果的に目標を達成できる機能が外部に現れ始めているという点も水平分業の動きを後押ししている。例えば自動車の事故の発生確率に影響を与える因子は，ドライバーの経験・スキルよりも自動車に搭載されている技術にシフトしてきている。そうなると，事故を予測するために有効なデータは自動車産業にどんどん蓄積されていく。また，人の余命も年齢，性別といった生命表に基づくデータに加え，個々の生活スタイル，遺伝などに大きく依拠することもわかってきているが，これらの情報は通常保険会社では入手できない。このように今まで自分達が最も有効なデータを保有していたからこそプライステーカーとなれていたが，その構造が崩れ始めているため，その対応として外部の機能との連携を急いでいる。このような背景要因をもとに，進行している水平分業の動きを以下にその例も含めて紹介しよう（**図表4-5**）。

図表4-5　機能の水平分業

❶APIなどのIT技術進展により，機能同士の外部連携が容易に
❷保険業界の"外"に保険会社が有する機能（または機能の源泉）よりも優れた機能が出現

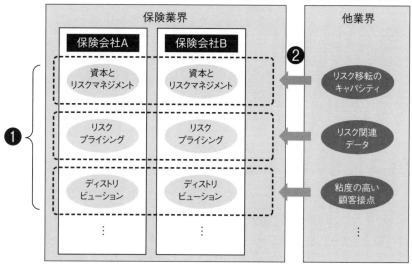

① 顧客接点（販売，保険金支払，契約者サービス）レイヤーでの水平分業

　保険会社が持つ機能の中でも，最も競争力に直結していた機能の１つが，集客・ディストリビューションである。近年この機能の担い手としては，スーパーアプリ（１つのアプリで複数のサービスにシームレスにアクセスできるアプリ）やデジタルブローカーなどが挙げられる。特にアジアにおいてはスーパーアプリの躍進が凄まじく，例えば東南アジアにおけるスーパーアプリの象徴である「Grab」は2012年に創業し，現在では総ユーザー数１億8,000万人超，月間のアクティブユーザー2,000万人超のアプリとなっている。配車サービスからスタートし，シェアライド，インスタントメッセージなど着々とビジネスを拡大し，2017年には電子決済のスタートアップであるKudoを買収し，2018年にはGrab Financialを立ち上げてオンライン決済，融資，保険販売にも参入し，ドライバー向けの保険などを展開している。

　また，保険会社サイドでも，最も重要な機能の１つであるディストリビューションをあえて放棄しながらも飛躍的な成長を遂げている保険会社が出始めている。その代表的な例が中国の衆案保険である。世界最大のテクノロジー保険会社である平安保険会社の子会社である衆安保険は，アクチュアリーなどの保険組成のプロでなくても，チャネル側で保険を組成して自社サービスへの保険組み込みを可能にするプラットフォームを構築した。前述のGrabを始め，ディストリビューションは大規模な顧客接点を有するプラットフォーマーに全面的に依存し，それらの商材・サービスに組み込みやすい保険を提供することで小口の保険を大量に販売，さらにはそこから集まるデータをもとに大量のマーケティングシナリオを構築・精緻化し続けることで，より多くの"顧客接点企業"から選ばれる，という好循環を生み出している。

② リスクプライシングレイヤーでの水平分業

　保険会社のコア機能ともいうべきリスクプライシングのレイヤーにおいても，水平分業の動きは強まっている。この領域については，保険会社がリスク算定に用いるデータを業界横断的に握り，データ自体，またはデータの分析結果を様々なプレイヤーに提供することでフィービジネス化に成功しているパターンが代表的である。例えば損害保険におけるテレマティクス保険においては，テ

レマティクスソリューションプロバイダーと呼ばれるテクノロジー企業が自動車メーカーと組んで車載デバイスを提供，そこから得られる運転データの解析をSaaS化して保険会社に提供し，保険会社が保険料算定などに活用する，という構図が出現している。

　例えば，データ解析プロバイダーであるVerisk Analyticsは，自動車メーカーからコネクテッドカーの走行データを受け取り，データをクレンジング（使いやすいように整形）して保険会社に提供するとともに，保険会社側が自社独自の料率モデルを持たない場合には，料率モデルも合わせて提供している。保険会社各社はこのデータや料率モデルを使うことで，走行距離連動型，あるいは運転行動連動型の自動車保険や安全運転の支援サービスをコネクテッドカーのユーザーに対して提供することができる，という構造になっている。また生命保険／医療保険領域における事例も紹介すると，JMDCは健康保険組合を通じて健診・レセプトデータ等を大量に収集し，保険会社に提供することで各社のリスク分析・プライシングの高度化に寄与しているほか，自社で「健康年齢」という健康指標を構築し，少額短期保険会社を設立（当時の親会社であるノーリツ鋼機傘下に設立）して「健康年齢」に基づいてプライシングされる商品も発売している。直近では，再保険会社であるSwissReとの協業により，ウェアラブルデータを用いたリスク計算モデルの提供を開始している。

③　資本レイヤー・資産運用レイヤーでの水平分業

　資本や資産運用レイヤーにおいても水平分業の動きは見られ，業界横断的にサービスを提供するプロバイダーが出現している。もともと規模の経済が働きやすい資産運用領域においては，北米の保険会社ではヘッジファンドやプライベートエクイティファンド等の外部の資産運用会社を活用することは一般的に行われてきており，近年では低金利による事業構造の見直し機運（運用利益の低下から，アセットライトを志向して保険のコア事業への機能集約を進める動き等）や，資産運用における外部が持つ専門知見の必要性が高まったことを受け，このアウトソーシングの動きはアジアにも広がりつつある。

　また近年では，保険会社のリスクを投資家へと移転することで，そもそも保険事業における資本の必要性を希薄化するようなソリューションを提供する企

業も出現し始めている。例えば，イスラエルに本社を構えるVesttooは，保険
会社が抱える通常の生損保リスクを再保険として移転する際に，再保険を債券
化し，投資市場とマッチングさせるためのマーケットプレイスを展開している。
同社はAIを活用して大量の保険商品のモデルを解析，最適な保険価格を導出
することで，投資家に対しては安定的な金融商品として保険リスク債券を提供
し，保険会社に対しては従来の再保険よりも低コストでのリスク移転を可能に
している。

　こうしたソリューションによりリスク移転を低コストで容易に実現すること
ができれば，保険事業に分厚い資本は不要となり，大きな参入障壁が崩れるこ
とになる。

④　ITレイヤーでの水平分業

　保険事業に必要な多くの機能を下支えするITのレイヤーにおいても，水平
分業の波は避けられない。従来の保険事業には，自社で作り込み，システム同
士が密接に絡み合うことで重厚長大な構造をなしているインフラが必要であっ
たが，これらをモジュール化し，プラットフォーム上で利用企業個社ごとに合
わせてカスタマイズ可能な形で提供することが可能になっている。例えば平安
保険傘下のOneConnectは，自社の先進的な技術（AI，Big Data，OCR，ブ
ロックチェーンなど）を活かし，銀行，保険会社等金融機関に必要なITパッ
ケージを提供している。OneConnectが提供するIT基盤は２段構成になってお
り，まず，銀行・保険ビジネスを通貫する機能，すなわちAIカスタマーサー
ビスやRegTechなどのオペレーションマネジメント機能や，オープンAPI基盤
やブロックチェーンなどからなるテクノロジーインフラの機能がある。そして
その上に保険や銀行固有の業務（デジタルリテールバンキング機能やデジタル
保険組成機能など）が乗っている構造になっている。自動車保険や医療保険，
生命保険についても，認証，契約，請求，保全などの事業運営における基本的
な機能がモジュールとしてこのパッケージの中に備わっており，すでに100社
以上の保険会社に導入されている。

⑤　水平分業のさらなる進化

　これまで保険事業を形成する機能別に水平分業が進んでいる様子を，事例を取り上げながら解説してきた。今後もこの動きは持続し，保険事業を形成してきた各機能はデジタルの力を借りて限界コストを極小化しつつ分散し，やがてモジュール化していくと思われる。

　では，このモジュール化がさらに進展した先にはどのようなビジネスモデルの変化が待ち受けているのだろうか。実は，水平分業の「進化系」とでもいうべきトレンドの端緒もすでに現れ始めている。保険事業のモジュール化が進むと，次は「誰がそれを組み立てて保険事業の運営主体になるのか」という論点が生じる。この問いに対する1つの答えが，保険事業の運営主体が「保険会社」から「個人」に移行していく，ということである。

　「中央集権から自律分散へ」というコンセプトで推進されているWeb3のトレンドと相まって，保険でも「中央集権的な管理者（＝保険会社）が存在しない保険」が構築されている。例えば，Etherisc（イーサリスク）はブロックチェーン上で，スマートコントラクト等と組み合わせてモジュール化した保険の機能をプラットフォーム的に提供することで，保険商品組成の民主化（誰でも保険商品を作ることができる）や迅速な保険金支払を実現している。またInsurtechの雄であるLemonadeも「Lemonade Crypto Climate Coalition」を創立し，同じくDAOによって小規模農家向けの農業保険の提供を開始しており，これらの保険は比較的少額の補償が中心ではあるものの，既存の保険に比べて圧倒的に低廉な価格と優れた顧客体験を提供しており，今後予測されるWeb3トレンドの本格化と合わせ，保険業界の構造に一石を投じることになるかもしれない。

（2）顧客体験への保険"組み込み"と"体験価値の拡張"

　これまで述べてきたように，デジタル化によって水平分業が進み，保険ビジネスを構成する各機能の分化・独立化が進んできた。しかし水平分業が進みつつも，これまで"密集"していた機能が分立化していくことで，機能同士の連携が疎遠になったわけではない。ここで重要になるのはAPIエコノミーといわ

れる，APIによって生み出される新たな価値，エコシステムである。APIは，ソフトウェアやプログラムをつなぐインターフェースであり，それらをつなぎ合わせることでシームレスに連携させることができる。また，IoTやセンシング技術の発展とそれに伴うデータ流通量の増大が，APIによるシームレスな連携と掛け合わさることで，モノとモノ，サービスとサービスが有機的につながり合って，従来にはない新しい価値や経済圏やエコシステムを生み出すことが可能になってきた。APIをうまく使いこなしている代表的な企業の１つはUberであり，自社が持つ配車機能と，外部の決済機能，通話・SMS機能，地図機能などをAPIで連結することによって，例えば自身が宿泊するホテルサイト上の配車ボタンでタクシーを呼び，マップ上で可視化されたタクシーの位置を見ながら来るのを待ち，乗って目的地で降りる際には自動的に決済が完了…といったような顧客体験を生み出すことができているのである。

「サービス同士を連携させる」，「一連の体験の中に自然な形でサービスを埋め込む」という動きは保険でも見られ，これらは「埋め込み型保険」（Embedded Insurance）といわれている。例えば，テスラは自社のEVに対する自動車保険を自ら提供している。見積りは同社のHPにおいて車両IDを入力することにより１分程度で完了し，申込みも簡単。さらに保険商品自体も従来のものと異なり，年齢・性別・運転歴などを考慮せず，ただ運転行動の評価スコアによってのみ決まる，というものになっている。これはテスラが車両から直接運転データを収集できるからこそ成り立つ仕組みであり，同社CEOのイーロン・マスク氏は「将来的に保険事業が収益に占める割合は30％〜40％になる」と述べるなど（第１章第１節(1)参照），同社の期待事業でもある。こうした埋め込み型保険はサービサーのブランドのもとで，一連のサービス体験の一端として提供され，顧客にとって煩わしい検討や加入のプロセスを経ることなく付帯される性質を持つとともに，基本的に小規模で安価であるため，今後は保険の普及率が低い市場のプロテクションギャップ（本来必要な補償と実際に保険によりカバーされている部分の差分）を埋める存在としても期待されている。

また，一方ではこうした「保険が他のサービス提供者のサービスやブランドに溶け込む」という動きとは逆に，平安保険（中国）やDiscovery（南アフリカ）が展開するVitalityのように，保険会社が自社のブランドで他のサービス

を取り込み，その体験価値が拡張された（Extended）ケースも次々と現れている。例えば平安保険は，戦略上ヘルスケア，スマートシティ，モビリティ（自動車），不動産といった領域でのエコシステム構築を重視しているが，それらのエコシステムに連なるサービスを保険契約者（契約者以外も含む）に提供し，顧客の体験価値を高めている。もともと保険営業に対する忌避感の強かった中国市場において，こうしたエコシステムを通じた保険以外の価値提供によって社会との信頼関係を構築し，保険加入の障壁を下げることに成功している。このように，保険が他のサービスを巻き込み，連動することによって「補償／保障」のみにとどまらず，その価値提供を高次化させることはサービスの付加価値向上にもつながり，今後少子高齢化によりパイの縮小が予想される国内市場において，商品・サービスのコモディティ化やホワイトラベル化による価格競争に陥ることを避ける意味でも，学ぶべきところが多いと考える（**図表4-6**）。

図表4-6　顧客体験への保険“組み込み”と“体験価値の拡張”

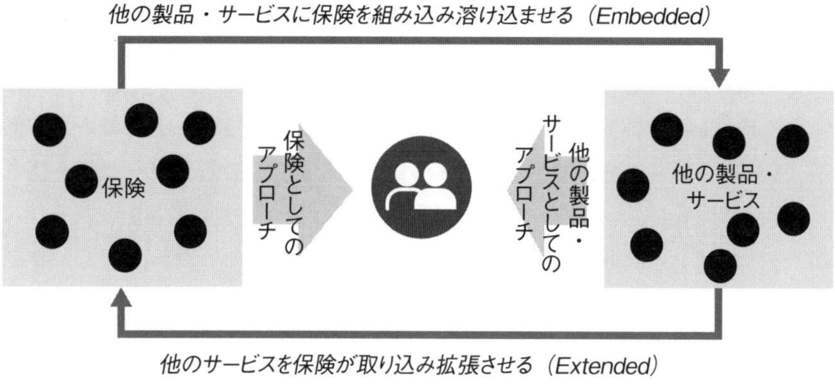

他の製品・サービスに保険を組み込み溶け込ませる（Embedded）

保険　保険としてのアプローチ　他の製品・サービスとしてのアプローチ　他の製品・サービス

他のサービスを保険が取り込み拡張させる（Extended）

（3）提供価値の個別化

　保険という金融商品は生来，個別のリスクを多く集めることによって平準化する「大数の法則」の上に成り立ち，同じ商品（補償／保障）をできるだけ多

くの顧客に販売することで成り立つため，多くの人々の共通項を括り出すことにその本質がある。結果的に保険商品の差別化が難しく，またコモディティ化しやすいといわれる所以もここにある。また長期間，大規模な契約を確実に管理するための重厚長大なITシステムにおける負荷も，多様な商品の機動的な開発・投入を妨げる足枷となっており，いわゆる「少量多品種化」につながる個別化の流れを難しいものとしていた。ところがデジタルの時代になり，「モノ消費からコト消費へ」という言葉に代表されるように，顧客はそれぞれ「自分だけの特別な価値」を求める流れが出てきており，保険業界にもそれに対応する動きが出ている。それを支えている1つの要因は，ここでもテクノロジーの進化である。保険業界でも進み始めているいわゆるレガシーモダナイゼーションにより，複雑化した従来型のシステム基盤と比べ開発のアジリティを向上させた結果，商品開発スピードなどの市場競争力に直結する領域で成果を出す保険会社が出始めている。

　もう1つの流れは，汎用的な商品・サービスに顧客接点やブランドを組み合わせることで提供価値を設計するモジュール化の動きである。これにより補償／保障自体はシンプルで大数の法則を維持しながら，細かい商品や付帯サービスの組み合わせにより新しいバリエーションを生み出すこと，あるいはその体験（CX）や，ブランドで特別な価値を生み出すという流れである。例えばシンガポールのINCOME社が提供しているSNACKというブランドの商品がある。これはもともと所得の少ない若年労働者のためにいかに抵抗・負担を感じずに保険に加入し，いざという場合の補償を少しずつ形成させるかというコンセプトのブランドであり，クレジットカード会社と提携し，カードで買い物をするたびに，10円，20円といったわずかな金額を自動的に保険や投資に回し，徐々に財産形成や補償が厚くなっていくというコンセプトである。商品自体は極めてシンプルであるが，ライフスタイルによってポートフォリオが変わってくるといったユニークな商品デザインとなっている。

　シンプルな商品でありながらブランドによる差別化を図っている例としてはLemonadeが挙げられる。同社は，保険加入者をグルーピングし，保険金支払が想定よりも少なく済んだ場合にはグループごとに剰余金を慈善団体への寄付するギブバックプログラムを保険に付帯しているほか，自動車の走行距離をト

ラッキングし，環境への負荷を軽減するために植える必要がある樹木の数が表示されるアプリを展開するなどしている。こうした社会課題をフックにした特徴的な体験設計は，Lemonade自体のブランド強化にも貢献しており，同社はZ世代を中心とした若年層から支持を獲得している（**図表4-7**）。

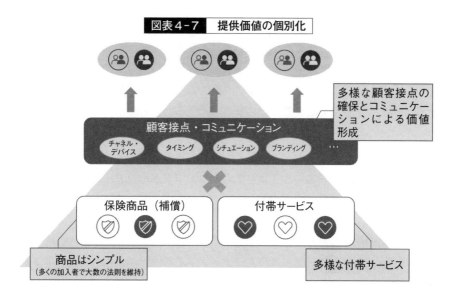

図表4-7　提供価値の個別化

前節で述べたように，保険業界は数世紀にわたり様々な機能を垂直的統合的に内包しながら発展してきた。その過程において様々な業界固有のアセットを築き，そのアセットが健全な保険産業の発展を支え，外部からの参入障壁を築いてきた。しかし今，デジタルの進化とともに，業界の中に蓄積してきたアセットと業界外のアセットとの融合という大きな地殻変動がまさに始まっているのである。

第3節　未来の保険産業の姿

（1）未来の保険産業を担う中心的プレイヤー像

　このような地殻変動が進むことにより，未来の保険産業はどんな姿になっているであろうか。筆者らは，機能の水平分業と商品・サービスのモジュール化が進む中で，多様なビジネスモデルが生まれ，既存のプレイヤーも自社の立ち位置をあらためて認識し，複数のオプションから自社が競争優位を発揮することができるモデルを選定することになると考える。その結果，未来の保険産業は，垂直的な機能の統合を維持する保険会社を中心とする垂直統合型ビジネスモデルと，特定の機能レイヤーで水平的に機能提供するプラットフォーマー型ビジネスモデルに2極化し，さらにそこからいくつかの類型に分岐していくであろう。以下それぞれを詳述する。

①　4類型の垂直統合モデル

　保険会社は自社の持っている強み，アセットを活かしながらさらに競争優位性や差別化要素を磨き，以下の4つの類型に収斂していくと考える（**図表4-8**）。

　<フルスペック型保険会社>
　1つ目は，あらゆる顧客セグメントへ，フルラインでの商品提供・価値提供を目指し，多くの機能を垂直的に保持するフルスペック型保険会社である。あらゆるリスクの引受けを可能とする分厚い資本や資本・販売網を活かした保険前後のサービサーとのアクセスをコアアセットとし，デジタル化による機能ごとの限界コストの低減を図りながらも，基本的には保険ビジネスに必要な機能の内製を維持する。当該類型は主に現在のメガ生損保会社の進化系として捉えられ，多くの機能の内製を維持することで各機能から生じる利益の流出や，保険商品のホワイトラベル化（主にディストリビューション機能が水平分業化することにより引き起こされる）を阻止し，分厚い資本を維持するとともに，こ

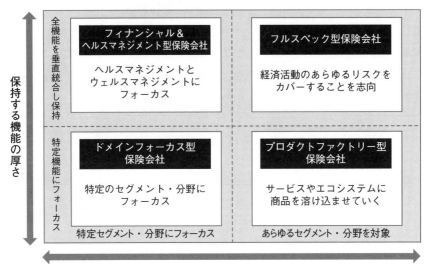

図表4-8　垂直統合モデルの類型

れまで培ってきた市場や社会との信頼関係やブランドを強みとして生かしていくことになるだろう。保険会社は一般的に資本が分厚いほど多くの量のリスクを引き受けることができ，またリスクは種類が多いほど平準化・分散化することができる。当該類型に該当する企業は，こうした資本やリスクの関係性を活用し，さらなる資本規模の拡大，引受けリスクの多様化を志向することで，保険商品の種類や対象とする顧客の幅で他社優位性を築くことができるのではないだろうか。また，市場との信頼関係や投資関係を活かした他社とのアライアンスネットワークの構築により，保険商品による価値提供のみならず，保険の前後なども含めた提供価値の拡大や新たなエコシステムの構築を行い，さらなるブランドの強化や，自社の保険に対する顧客の心理的障壁を低減させることも競争優位性の維持に寄与するものと考える。

　　＜フィナンシャル＆ヘルスマネジメント型保険会社＞
　2つ目は，個人や企業の福利厚生の一環となる従業員の健康や資産形成・死亡・疾病リスクの分野にフォーカスし，巨大なバランスシートを使ってウェル

スマネジメント／ヘルスマネジメントを兼ね備えたサービスを提供するフィナ
ンシャル＆ヘルスマネジメント型保険会社である。分厚い資本，および資本市
場へのアクセスや資産運用力・金融市場へのアクセス，医療エコシステムとの
連携，医療・ヘルスケアデータへのアクセス等をコアアセットとする。プレイ
ヤーとしては，現在の大手生命保険会社やウェルスマネジメントに強みを持つ
金融業界からの参入企業が発展した形態である。

　ウェルスマネジメントでは，従来の保険商品の提供に加え，ウェルスプラン
ニングのアプリ等の提供により個人の資産管理を支援し，資産状況やライフプ
ランに応じて必要な保険加入を促すことに取り組む。

　例えば，Prudentialは「Wealth@Pulse」という資産管理アプリを提供して
おり，保険販売のために資産状況を捉えるとともに，個人の資産形成ニーズを
捉えた顧客エンゲージメントの向上を図っている。

　ヘルスマネジメントにおいても，顧客の健康的な習慣を促進するアプリやデ
バイス等の提供を通じた健康増進型の保険商品の提供に取り組む。将来的には，
アプリ等を通じて収集された健康データからさらなる商品開発につなげること
も考えられる。実際に，Manulifeでは「ManulifeMOVE」という独自開発のヘ
ルススコアアプリの提供と健康データと連動した保険料割引を提供しており，
フィットネスプログラムや健康スコアの精緻化などパートナー企業との連携に
よりサービスを拡充している。

　このようなウェルスマネジメント／ヘルスマネジメント領域における取組み
を進める中で，中期的には金融コンバージェンスのコンテクスト，すなわち顧
客が自らのウェルスおよびヘルスをマネジメントする行動を包括的に支援する
パートナーとしての立ち位置を目指していくであろう。貯蓄性保険商品を機軸
に，顧客のフィナンシャルプランニング，資産形成や資産相続といった領域を
幅広く支援し，高い顧客エンゲージメントを維持する。

　＜プロダクトファクトリー型保険会社＞
　3つ目は，価値提供するセグメント・分野は広い一方で，保持する機能の厚
さは限定的となるプロダクトファクトリー型保険会社である。自社・他社の
サービスや商品販売プロセスに保険販売プロセスをスピーディーかつ簡単に溶

け込ませるシステム基盤や商品開発力をコアアセットとする。プレイヤーとしては，いわゆるエンベデッド特化のスタートアップ企業等の発展型である。顧客体験を重視し，保険をサービスに組み込むことで利便性を向上させ，サービスの利用促進や保険の契約促進を図る。商品開発に巨額のコストと時間を要するシステムではなく，極力スモールなシステム基盤で保険金支払等のオペレーションもシステムで完結し，主に他社のサービスに溶け込ませた販売を志向することから，保持する機能が限定的となる。サービスに保険を溶け込ませることと，スピード感ある商品リリースやデジタルを通じた価格の低廉化を競争優位性とする。

<ドメインフォーカス型保険会社>
　4つ目は，特定のセグメント・分野にフォーカスし，そこに特化して垂直統合型の機能を保持するドメインフォーカス型保険会社である。フォーカスする対象としては「セグメント」と「プロダクトアウト」が想定され，フルスペック型保険会社と比しニッチな市場で顧客を獲得し，徐々にその存在感を増大させていくシナリオが中心的になると考えられる。特定のセグメント・分野へのアクセスと各ドメインのシナリオに沿った商品開発力をコアアセットとし，プレイヤーとしては，特定の顧客セグメントやプロダクトを有する異業種が少額短期保険業へ参入し，発展していく形態などが考えられる。
　セグメントフォーカス型の場合，具体的には特定の顧客層をターゲットとし，例えば「デリバリーサービスの受託を業とする個人事業主」に特化して補償から付帯サービスまでを一貫して提供するようなモデルが想定できる。その市場に特化した保険会社としての機能・能力を志向することで，顧客体験を高めるための機能・能力を比較的容易に実装することが可能となる。
　ドメインフォーカス型のもう1つの型であるプロダクトアウトフォーカス型の場合，プロダクトの組成と供給をいかに高効率かつ多量に行うかに特化する。例えば「LCCの航空チケットに付帯販売する保険」のような，特定のニーズ（「フルサービスの航空会社＋既存の旅行保険」と比較した際にブラインドスポットとなる部分を埋めたい，といったニーズ）を満たすことに最適化したプロダクトを組成し，そのニーズが生ずる場所（例えば，LCCの航空チケット販

売サイトなど）のオーナーを代理店として囲い込むようなモデルが想定できる。

②　4類型のプラットフォーマー

　前述の垂直統合的に機能を維持しようとする保険会社に対し，Insurtech企業や異業種からの参入企業を中心とした新参企業は，保険ビジネスに必要な機能を水平的・業界横断でプラットフォーム的に展開し，プラットフォームの利用料を中心としたフィービジネスを主とするビジネスモデルを進化させていくと想定される。これら水平方向のプラットフォーマーは，主軸となる機能ごとに，主に以下の4類型に収斂すると考える（**図表4-9**）。

図表4-9　プラットフォーマーモデルの類型

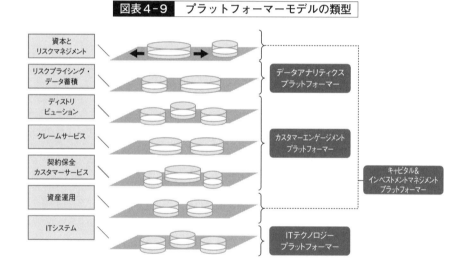

　＜カスタマーエンゲージメントプラットフォーマー＞
　1つ目は，顧客接点を一手に握るカスタマーエンゲージメントプラットフォーマーであり，粘度高く強固な顧客基盤をコアアセットに，集客とディストリビューションの機能を提供する。プレイヤーとしては，経済圏などロイヤリティと粘度（頻度・必然性）の高い顧客基盤を持つプラットフォーマー（eコマース，スーパーアプリ等）や比較サイト系のブローカーが発展した姿であ

る。

　これまで保険会社の顧客接点においては，ひとえに顧客にとっての保険という商材の縁遠さ・難しさゆえに，有人対応が中心であった。例えば保険販売シーンに関していえば，顧客側のニーズは一般的には潜在的であり，適切なタイミングでニーズを喚起するプッシュ型のコミュニケーションが必要である。また，保険設計を顧客側で行うことはできず，プロによるアドバイス・後押しを必要とする。契約の保全・支払等の契約後のフォロー局面に関しても，顧客側では必要な手続を特定できず，かつ失念しがちである。一般的な顧客であれば，例えばライフイベントの発生時に保険の手続にまで頭が回るだろうか？あるいは，「何か手続が必要そう」だと気づいたとしても，必要な手続の内容（名義変更，住所変更，受取人変更，指定代理人変更…等々）をすべて特定できるだろうか？

　こうした保険の難しさゆえに，保険会社は，代理店や営業職員といった有人による集客とディストリビューションの機能を築き上げてきた。

　ただし，こうした有人チャネル固有の特性に対してブレークスルーになりうるような技術が登場している。例えば，センシング技術は顧客にとって保険が必要になる瞬間（モーメント）を捉えて保険を提供するのに役立つし，API等の技術を活用して保険を商材に組み込んでしまえばそもそも「保険を選ぶ，設計する」といったプロセス自体が消滅する。また，契約後のフォローに関しても，生成AI（2023年に入りChatGPTが話題になり，インターフェースが自然言語ベースになったために誰でも手軽に使えるようになって一気に民主化した）などの技術を用いれば顧客の不明確，非定型なニーズを双方向の会話で特定し，手続などに必要な情報を集めて定型のフォーマットに落とすことができるようになるだろう。あとは定型情報を自動処理する技術を用いれば，ヒトが出る幕なく手続を完結させることも可能になると考える。上述のとおり，人々の求めるものが「商品やサービスを通じた一連の体験そのもの」にシフトすることと相まって，デジタル上で完結する募集・変更手続が一般化していくだろう。

　もともと強固な顧客基盤・高頻度な日常接点を持つプレイヤーや，保険の大型代理店などが，これらのブレークスルーにつながるような技術群を使いこな

すことで，有人の営業ネットワークや保全部隊を持たずとも販売，支払，サービスの提供などを一手に握り，多数の保険会社からAPIを介して商品供給を受け，保険商品をホワイトラベル化していく将来像は想像に難くないだろう。

＜データアナリティクスプラットフォーマー＞

2つ目は，保険商品組成の源である「（リスク関連の）データ」を一手に押さえ，業界横断的に提供するデータアナリティクスプラットフォーマーである。データやデータ分析・モデリングナレッジをコアアセットに，リスクプライシング／アンダーライティングとデータ蓄積の機能を提供する。プレイヤーとしては，価値の高いデータホルダー，データからのインサイトを導出・蓄積する分析会社，コンサルティング会社等が発展した姿である。

このビジネス類型において重要なのは，他社が取得しにくい希少性のあるデータ，かつ1次データをいかに握るか，という点である。あらゆる "モノ" がインターネットにつながるIoTの時代が到来しつつあるが，IoTの構造をひもとくと，①デバイスやセンサーの提供者（HoneyWell，Siemens等），②ネットワークの提供者（AT&T，NTT等），③データストレージ・処理基盤の提供者（AWS，Microsoft等），といったプレイヤーの階層構造によって成り立っている。各階層で寡占構造ができ上がれば，それらのプレイヤーが保険業界（特に損保）においても水平的にデータアナリティクスを押さえるプラットフォーマーへと進化しうるだろう。

また，医療保険や死亡保険の領域については，商品組成の源は人々のヘルスデータや診療データとなるが，こちらについてはよりセンシティブな医療機関を一次接点とするデータであるため，個人が複数の病院を跨いで受診した場合など，名寄せとデータ統合が課題となる。加えて，長期にわたって追い続け，時系列データを蓄積する必要があるため，現状では個人に紐づける形で比較的長期の健診データとレセプトデータを保有する保険者（健保など）が有力なデータ保持者となっている。ただし，国もヘルスデータの流通・活用については推進のスタンスを取っており，認定事業者に複数医療機関を跨いでのデータの統合・匿名化を認める次世代医療基盤法などの法整備が進みつつあるほか，マイナンバーをキーとする個人の時系列データ蓄積も今後進んでいくと考えら

れる。こうした枠組みに参加し，大規模なヘルス・診療データの蓄積を図るプ
レイヤーが，今後医療保険や死亡保険の領域におけるデータアナリティクスプ
ラットフォーマーへと進化しうるであろう。

　これらのデータアナリティクスプラットフォーマーとなるプレイヤーは，基
本的にはデータを得た後，クレンジングして様々な保険会社へと提供すること
になるが，データ販売によるフィービジネスからデータ分析・モデリング等の
知見提供やコンサルティングサービスへと収益源を拡大しようとする動きもあ
り，結果として水平的・業界横断的な料率モデルやリスク予測モデルの提供が
拡がることで，商品や価格による差別化はより難しくなる可能性がある。

　＜キャピタル＆インベストメントマネジメントプラットフォーマー＞
　3つ目は，キャピタルマネジメントを支援する再保険や再保険のリスク債権
化プラットフォームの提供やインベストメントマネジメントのアウトソーシン
グサービスを提供するキャピタル＆インベストメントマネジメントプラット
フォーマーである。高度で豊富なキャピタル＆インベストメントマネジメント
のナレッジや投資家とのマッチングプラットフォーム，スケールメリットを活
かした資産運用をコアアセットに，保険事業の根幹ともいえる資本とリスクマ
ネジメントの機能を提供する。プレイヤーとしては，再保険会社や再保険の証
券化と投資家へのマッチングプラットフォームを運営する企業や資産運用業務
を請け負う資産運用会社，ファンド，投資銀行が発展した姿である。

　キャピタルマネジメントにおいては再保険による手配が主流ではあるものの，
上述のVesttooのようなリスク債権化プラットフォーマーが登場している。保
険会社の視点では，自然災害の増加やパンデミック等によりハード化している
再保険市場を踏まえ，低コスト化を期待して，このような新たなリスクカバー
のプラットフォームの活用検討が進むことが想定される。一方，投資家の視点
においても，リスクの種類によっては債券や株式などの金融商品と比べボラ
ティリティが低いといわれることから，ポートフォリオのリスク分散効果を期
待して需要は高まっていくものと考えられる。供給側の保険会社と需要側の投
資家のニーズが相まって今後発展していくと考えられる。

　また，インベストメントマネジメントは，保険会社の主要業務であるものの，

保険会社の規模や昨今のような投資対象の乱立を踏まえると，自社で資産運用部門を編成することが非効率な可能性もある。昨今のパンデミックやウクライナ情勢といった不確実性の高まりもあり，資産運用業務のアウトソーシングに対するニーズはますます高まっていくものと考えられ，保険会社の資産運用に対応する専門部署の設置や保険会社特化型の資産運用会社が設立される動きも出てきている。

　これらのように，保険会社の主要業務であるキャピタルマネジメントやインベストメントマネジメントにおいても，プラットフォーマーの発展により，これまでよりは容易に高度な資本とリスクマネジメントの機能を確保することが可能となることが考えられる。

　＜ITテクノロジープラットフォーマー＞
　4つ目は，標準的な保険事業において必要なアプリケーションシステムと，他産業との連携などを効率的に実現できるオープンなインフラ基盤を組み合わせ，保険事業の主体に対し提供していくITテクノロジープラットフォーマーである。クラウドサービスや保険会社システムに必要な各機能のモジュール，高い拡張性を有するSaaS型システム等をコアアセットとし，システム開発において低コスト・高スピード化を実現するITシステムの機能を提供する。プレイヤーとしては，SIerやITベンダーが発展した姿である。
　保険会社の事業の根幹は第1節（2）で述べた7つの機能・能力で成り立っている中で，とりわけ「土台」に位置付けられるのがIT基盤である。歴史が示すように，保険産業は保険料負担と保険金支払の関係における「保険数理上の合理性」を高めることでその需要と経営の安定性を高めてきたが，その複雑な数理計算は堅牢なIT基盤によって支えられてきた。また，膨大な顧客データ・契約データを長期にわたり管理する必要性も，保険事業が堅牢なIT基盤を必要とする根拠となる。金融事業は多くが装置産業としての側面を持つが，保険もその代表例の1つといえる。
　一方，体験価値に対する消費者や社会の期待値が大きく増大する中で，第2節で述べたように他産業との連携による価値創出は当然のこととなりつつある。この変化は，他産業との連携に不向きな伝統的なIT基盤を持つ保険会社にとっ

ては逆風となる。改めて述べるまでもなく，API連携や協働でのデータアナリティクスなどの他産業との連携には，クラウド基盤に代表されるオープンなアーキテクチャが圧倒的に有利だからである。

　加えて，自社の事業スタイルや業務フローに完全適合させたシステムを多くのコストをかけスクラッチで開発するという思想は徐々に再考され，標準化されたシステムに業務フローを合わせる考え方が伝統的な保険会社においても着実に浸透してきている。

　これらのことを踏まえたときに，IT基盤はコモディティ化が進み，競争力の源泉は堅牢なIT基盤ではなく「いかにつなぎ，使いこなすか」に移行していくものと考えられる。すなわち，自社がやりたいこと，提供したい体験価値を実現できるならば，IT基盤は極端にいえば「何でもいい」のである。このことは，ITテクノロジープラットフォーマーの存在感を大きく高める。

　おそらく，ITテクノロジープラットフォーマーはまず「4種類の垂直統合モデル」のうち軽量な経営を志向する事業モデル群，すなわちプロダクトファクトリー型保険会社とドメインフォーカス型保険会社をそのサービス提供先とするであろう。そこで提供される商品やサービスの先進性，経済性，需要の動向によっては，伝統的な保険会社においても，顧客接点に近い部分などから導入が進んでいくシナリオもありうる。

　このように保険業界の構図はこれまでのようにあらゆる機能を内包した保険会社を中心とした秩序だった産業構造から，それぞれ特徴を持って機能を垂直統合している保険会社と特定の機能にフォーカスし，業界横断的に機能を提供するプラットフォーマーが群雄割拠する新しい産業構造にシフトしていくことを展望する。しかし，これらのプレイヤーが乱立し，シェアを奪い合う構造を想定しているわけではない。今後保険という産業に参加するプレイヤーに求められているのは，現在の保険システムではカバーできていないリスクへの対処であり，むしろ新しい産業構造において，それぞれのタイプのプレイヤーが機能補完しながら，従来のモデルでは対応が難しかった未踏の領域を開拓し，新たな成長ステージにいく，そんな未来が展望できないだろうか。

（2）協創による新たな成長ステージへ

それでは，かかる成長ステージへ向かっていくためのポイントは何であろうか。考えるべきポイントを大別すると以下の2点ではないか。

1点目は，内部に保持・強化する機能と外部を活用する機能の峻別である。新しいステージの戦い方の基本は内部のアセットと外部のアセットをいかに融合させ，独自の競争優位を生み出していくかにある。これまで必要なものは基本的にすべて手の中に収めてきた。一方で今後はどんどん外部に競争優位の源泉となりうるアセットが形成されていく。これらの外部に形成されていくアセットを有効活用できる保険会社とそうでない保険会社では大きく差がついてくる。一方で，外部への過度の依存は企業の成長オプションの主体的な選択の幅を狭めてしまう。外部で形成されていくアセットを正しく見極め，何を内部に保持・強化し，どんな外部アセットを活用していくか，その見極めと組み立てが，成長力の重要なポイントとなる。

2点目は，求心力の創造である。保険という産業が垂直統合的な産業構造から水平分業的な産業構造へ転換していった場合，社内外に配置される機能を1つの事業として束ねる求心力が必要となる。それは他社では持ちえない技術や人材，あるいは顧客基盤といった企業として有するアセットである場合もあり，企業として解決していこうとしている課題やパーパスといった理念的なものである場合もある。また，こういった求心力は顧客に対する訴求力という観点でも重要である。保険会社に限らず，競争から協創へと企業戦略の軸足がシフトしていく中で，企業にとって事業を通じて何を成し遂げようとしているかというメッセージを明確に打ち出し，そのためのコアコンピテンシーを見定め，具備することが勝ち続ける上では重要なポイントとなると考える。

（3）未来に向けて

保険という産業は資本主義経済の発展と密接に関連している。資本主義経済は社会に富と財を形成し，またそれらを生み出す源泉となる労働力という概念が確立された。これらの富と財を不慮の事故によって失うことを回避するため

に損害保険が生まれ，労働力を失った場合でも生活を守るために生命保険が生まれてきた。そして資本主義経済が複雑性を増し，変化を続けながら発達する過程おいて，その変化に適応し支えながら損害保険も生命保険も発達してきた。これは，社会的なリスクと資本の再分配を実践しながら不確実性をマネージするという極めて複雑かつ難易度の高い事業であり，そのために必要となるアセットやケイパビリティを脈々と業界内に培ってきたのが保険という産業の歴史である。

　しかし，今まさに保険産業は転換期を迎えており，業界内に蓄積してきたアセットとケイパビリティを取捨選択し業界外のアセットやケイパビリティと結びつけながら，それぞれが独自の事業モデルを組み立てていくことが求められる。またその事業モデルにおいて成し遂げるパーパスを明確にし，顧客もアライアンスパートナーも惹き付ける求心力を創造できる保険会社が勝ち残っていくであろう。

　欧州の知性といわれる経済学者ジャック・アタリはその著書『21世紀の歴史』の中で，国家の力が弱まり，市場主義が世界を席巻する未来においては「保険と娯楽が二大産業であり続ける」と述べている。国家よりも市場の力が強大化し，増大化する社会の不安に対して保険産業がセーフティネットを提供するとともに，それを実現するために監視機能を提供するという。そこで描かれている世界観は，不慮の事故による経済的損失を補填するというこれまでのものではなく，不慮の事故を回避できるように様々なサービスを展開することで不慮の事故が起こることを防ぐという，まさに価値提供が拡張された世界といえる。そして今起こり始めている地殻変動は，このような保険が最大産業へと発展していく最初の兆しともとれるのではないか。

　保険という産業はすでに成熟期にあり，コモディティ化が進むという見方は多い。しかし筆者らは，この産業はまさに第2の創成期を迎えていると捉えている。

おわりに

2023年は，Monitor Groupが創設されて40年，デロイトグループに統合されてMonitor Deloitteとなり10年の節目の年になる。今回の執筆にあたっては，Monitor Deloitteとしてコンサルティングの現場で経営陣の方々と交わした議論やグローバルにおける各国のグループ内有識者との議論をベースに書かせていただいている。

本書は，『デジタル起点の金融経営変革』『地銀"生き残り"のビジネスモデル』に続く中央経済社様からの第3弾の出版ということで，第1弾から企画執筆をしている筆者にとっても節目の執筆となった。第1・2弾においては，短・中期目線から金融機関にとっての"how to win（どうやって勝ち抜くか）"を中心に論じさせていただいた。一方で，第3弾となる本書においては，中・長期目線から"where to play（どこで戦うか）"を中心に論じさせていただいた。

日々プロジェクトを通じて経営者や現場の方々と議論させていただいている中で，議論の内容が短期的な打ち手から，長期的な方向性の話が多くなってきていることを肌で感じている。例えば，DX黎明期だった第1弾執筆時は，「具体的にどのようにDXを進めていくのか」という足元の方法論がイシューとなっていたが，現在はDXを進めるのは当然で，「DXを通じて企業価値をどのように高めるか，DXを通じて将来的にどのようなユニークでサステナブルな企業になっていくか」ということがイシューとなることが多い。

このようになっているのも，デジタルの一層の進展，生成AIの興隆，異業種プレイヤーの金融業界への参入といった外部環境の大きな変化が起きていることが大きな要因であろう。

短期的に物事を考えて「改善」を進めていく経営をしていくのではなく，中

長期的な目線で「変革」をし続ける経営をする必要性が高まっていることは明白である。世の中のトレンドの大局観を捉え，中長期的な目線で目指す姿を考え，バックキャストで今何すべきかを考えるということは，経営陣のみならず現場の方が施策を立案・推進，営業をしていく際についても同様のことがいえると考えている。

本書においては，金融業界にインパクトを与える5つのトレンドとそれを踏まえた銀行，証券，ペイメント，保険の4つの業界における将来像と目指す方向性を論じさせていただいた。目指す方向性については本書に記載されていない各社固有の解もあるかと思う。本書を手に取っていただいた読者の方にとって，業界を俯瞰して目指す方向性を考えたり，日々の業務の将来的なインパクトを考える1つのきっかけになれば幸いである。

末筆になるが，本書の出版にあたり大変ご尽力いただいた中央経済社の坂部秀治さんに，執筆者を代表して心よりお礼を申し上げたい。

モニター デロイト　ディレクター　梅津翔太

《執筆者一覧》

中村　真司 | Shinji Nakamura
担当：全体監修 | はじめに
執行役員 / パートナー

消費財，小売，家電，金融，ヘルスケア領域，総合商社，プライベートエクイティファンドなど幅広い業界に対して20年以上のコンサルティング経験を有する。シナリオプランニングに基づく全社長期戦略，中期経営計画，海外事業戦略，マーケティング戦略，新規事業開発，M&Aなど，企業の成長にかかわる戦略立案プロジェクトを数多く手がける。

梅津　翔太 | Shota Umezu
担当：全体監修 | おわりに
ディレクター

外資系戦略コンサルティング会社を経て現職。金融業界を中心に，中期・長期経営計画策定，DX戦略策定・実行，新規事業立案，営業戦略立案，業務改革等，幅広いテーマのプロジェクトに従事している。銀行・証券部門内での戦略チーム（BCM Strategy）のリードも務める。また，『デジタル起点の金融経営変革』『地銀"生き残り"のビジネスモデル』（中央経済社）においても，全体監修を実施。

三由　優一 | Yuichi Miyoshi

担当：第1章第1節

ディレクター

日系SIer，外資系コンサルティング会社を経て現職。戦略から実行まで幅広く経験。現在は，Future of Finance Offeringをリードしており，長期視点の金融変革テーマに従事。また，ファンド向けを中心に投資先開拓やBDD支援にも注力。

建部　恭久 | Yasuhisa Takebe

担当：第1章第2節

シニアマネジャー

日系SIer，外資系コンサルティング会社を経て現職。金融機関向け戦略立案から実行支援や，非金融の事業会社向けに金融をイネーブラーとした経済圏構築の構想立案・実行支援を軸に多数のプロジェクトを経験。

馬渕　祥平 | Shohei Mabuchi

担当：第1章第5節

シニアマネジャー

外資系コンサルティング会社を経て現職。金融業を軸に多岐にわたる企業・団体に対し経営戦略の策定を支援。Global Deployment Offeringリードとして，グローバル・業界横断的な視点に立った新規事業立案など，幅広いテーマでの案件に従事。

木村　清香 | Sayaka Kimura

担当：第1章第3節

マネジャー

メガバンクを経て現職。製薬会社，総合商社，交通インフラなど幅広い業種を対象に，経営戦略・事業戦略策定等のコンサルティングに従事。また，社会課題起点の新規事業創出支援にも注力。

坂下　真規 | Masaki Sakashita
担当：第1章第4節
マネジャー
電機製造を経て現職。国内外を問わず幅広いクライアント企業に対し，新規事業の立案や制度設計を中心としたプロジェクトに従事。Web3やメタバースに関連する社外連携なども取り扱う。

福屋　翔太 | Shota Fukuya
担当：第1章第6節
スペシャリストリード
コンサルティング会社にて一貫してデータやデータサイエンスを活用した事業改革や業務改革に従事。官民両面に向けてエビデンスに基づき意思決定する仕組み・文化の導入を支援している。博士（理学）。

上原　隆太郎 | Ryutaro Uehara
担当：第2章第3節・第5節
ディレクター
外資・日系大手証券，海外金融系スタートアップ，コンサルティング会社等を経て現職。証券業に関わる事業戦略，顧客接点，オペレーション，テクノロジー，コンプライアンスに関わるグローバルな経験を有する。

伊東　俊平 | Shumpei Ito
担当：第2章第4節
シニアマネジャー
メガバンク，中央官庁（出向）を経て現職。銀行などの金融業界を中心に，経営計画・DX戦略・営業戦略の立案・遂行，新規事業構想や業務プロセス改善などを支援。近年は異業種の金融業参入といったテーマも手掛ける。

茨木　健人 | Kento Ibaraki
担当：第2章第5節

マネジャー

銀行・証券会社を経て現職。金融業界を中心に営業戦略立案，業務構築支援，システム構築支援等に従事。最近は非金融事業者の金融業参入も手掛ける。

比嘉　正 | Sho Higa
担当：第2章第2節

マネジャー

国内大手金融機関を経て現職。銀行を中心に，組織再編，業務効率化，新規サービス開発等のプロジェクトに従事。

藤田　健太 | Kenta Fujita
担当：第2章第3節

マネジャー

メガバンク・証券会社を経て現職。金融業界（銀行・証券・保険・リース・ファンド等）を中心に中期経営戦略・営業戦略立案から実行支援，業務改革支援，システム更改支援等に従事。日本証券アナリスト協会 認定アナリスト。

崎山　京佑 | Kyosuke Sakiyama
担当：第2章第5節

シニアコンサルタント

国内SIerを経て現職。銀行・証券会社に関する金融リスクマネジメント，システム開発支援に強みを持つ。上記に加えて新規事業構想，業務要件定義，規制対応等に従事。

松本　陽香 | Haruka Matsumoto

担当：第0章，第2章第1節

シニアコンサルタント

外資金融情報ベンダー，独立系コンサルティング会社を経て現職。金融業界を中心にシステム更改・デジタル化推進，業務プロセス改善，事業戦略立案，AI・SNS活用等トレンドテーマの調査案件に従事。

池田　貴宣 | Takanori Ikeda

担当：第3章

シニアマネジャー

米系コンサルティング会社，グローバル決済事業者（国際ブランド）を経て現職。ペイメント領域では，官公庁への政策立案支援や，グローバル事業戦略，決済データを活用したマーケティング支援等のテーマに従事。

福島　渉 | Wataru Fukushima

担当：第4章

パートナー

保険業界において豊富な経験を有し，主に保険業界に対する戦略立案・実行支援を得意とする。近年では保険業界のイノベーション推進に注力し，イノベーション戦略策定，組織デザイン，アライアンス，M&A，人材マネジメントなど多様な分野で活躍している。日本の保険のコンサルティングプラクティスのリーダー。

藤井　寛人 | Hiroto Fujii

担当：第4章第1節・第3節

シニアマネジャー

国内大手生命保険会社を経て現職。IT企画，事業計画，データアナリティクス戦略，AI利活用戦略，基盤更改大規模プロジェクトなどを経験。最近は経営アジェンダとしてのDX戦略策定・実行プロジェクトを多く手掛ける。

西川　浩史 | Hiroshi Nishikawa
担当：第4章第1節・第2節
マネジャー

日系生命保険会社を経て現職。保険業界を中心に，中長期事業戦略，新規事業構想，データ利活用の推進等，様々なプロジェクトをリード。最近は生成AIやWeb3などEmerging technologyを用いた事業変革構想等のテーマを手掛けている。

小谷　龍平 | Ryohei Kotani
担当：第4章第1節・第3節
マネジャー

国内大手損害保険会社を経て現職。保険業界を中心に，中期経営計画策定，新規事業構想，営業の役割革新推進など様々なプロジェクトを支援。最近は保険事業に留まらないサービス領域での新規事業構想等のテーマも手掛けている。

《監修者紹介》

モニター デロイト

モニター デロイトは，クライアントが明確かつタイムリー，そしてインスピレーションに満ちた決断を下すことをサポートし，混沌とした世界情勢の中から一歩抜け出て確かな成長を遂げられるよう，パートナーとして確固たる将来へと導きます。

1983年に設立された戦略コンサルティング・ファーム「Monitor Group」はマイケル・ポーター，マーク・B・フラーといったハーバード大学ビジネス・スクールの教授陣と共に，ロジャー・マーティンやラリー・キーリーのような現在のコンサルティングの礎を築いてきたようなメンバーによって創設され，VC，インキュベーション，投資銀行機能といった独自のグループ展開とフラットな組織を特徴とし，設立当時からグローバル展開をしていました。

そして2013年にデロイト グループに統合された後，グループが持つ広範囲にわたるサービスとインダストリーにおける深い知見，そしてMonitorの従来の強みを掛け合わせたサービス提供に向けて熟考を重ね，日本でもモニター デロイトとして，多くの日本企業のパートナーとなっています。

金融ビジネスはどこへ向かうのか
―5つの進化ドライバーでひもとく中・長期戦略

2024年4月1日　第1版第1刷発行

監修者	モニター デロイト	
編著者	中 村 真 司	
	梅 津 翔 太	
発行者	山 本 継	
発行所	㈱ 中 央 経 済 社	
発売元	㈱中央経済グループ パブリッシング	

〒101-0051　東京都千代田区神田神保町1-35
電話　03 (3293) 3371 (編集代表)
　　　03 (3293) 3381 (営業代表)
https://www.chuokeizai.co.jp
印刷／昭和情報プロセス㈱
製本／㈲井上製本所

© 2024
Printed in Japan

＊頁の「欠落」や「順序違い」などがありましたらお取り替えいたしますので発売元までご送付ください。(送料小社負担)
ISBN978-4-502-48671-5　C3034

ベーシック＋プラス
Basic Plus

Let's START!

学びにプラス！
成長にプラス！
ベーシック＋で
はじめよう！

いま新しい時代を切り開く基礎力と応用力を兼ね備えた人材が求められています。

このシリーズは，各学問分野の基本的な知識や標準的な考え方を学ぶことにプラスして，一人ひとりが主体的に思考し，行動できるような「学び」をサポートしています。

教員向けサポートも充実！

ベーシック＋専用HP

中央経済社